余秋雨评传

江学恭 著

华文出版社
SINO-CULTURE PRESS

图书在版编目（CIP）数据

余秋雨评传 / 江学恭著 . —— 北京：华文出版社，2024.8

ISBN 978-7-5075-5836-4

Ⅰ . ①余… Ⅱ . ①江… Ⅲ . ①余秋雨 - 评传 Ⅳ . ① K825.6

中国国家版本馆 CIP 数据核字（2024）第 107866 号

余秋雨评传

| 作　　者：江学恭 |
| 责任编辑：吴文娟 |
| 装帧设计：付诗意 |
| 出版发行：华文出版社 |
| 地　　址：北京市西城区广安门外大街 305 号 8 区 2 号楼 |
| 电　　话：总 编 室 010-58336239　发 行 部 010-58336267 |
| 　　　　　责任编辑 010-58336192 |
| 邮政编码：100055 |
| 网　　址：http://www.hwcbs.cn |
| 经　　销：新华书店 |
| 印　　刷：河北鹏润印刷有限公司 |
| 开　　本：880mm×1230mm　1/32 |
| 印　　张：10.375 |
| 字　　数：230 千字 |
| 版　　次：2024 年 8 月第 1 版 |
| 印　　次：2024 年 8 月第 1 次印刷 |
| 标准书号：ISBN 978-7-5075-5836-4 |
| 定　　价：78.00 元 |

版权所有，违者必究

作者简介

江学恭（1956—2023），笔名华之，著名文化学者，文化事业综合策划管理专家，中国作家协会会员，国家一级作家。曾任湖南省作协书记、副主席，省文联书记、副主席。著有《缪斯之恋》《美德与人生》《雪野鸿爪》《大美可追》等作品。

目 录

前　言　　　　　　　　　I

第一章　乡　村　　　001

余　家　　　　　　　　001

上　学　　　　　　　　008

高山夜路　　　　　　　011

写　信　　　　　　　　015

离　开　　　　　　　　018

第二章　上海的学校　　023

中　学　　　　　　　　023

饥　饿　　　　　　　　030

大　学　　　　　　　　034

第三章　文化引领　　　　041

黑海银桅　　　　041

建立整体国际观念：《世界戏剧学》　　　　049

建立心理美学观念：《观众心理学》　　　　052

建立人文史学观念：《中国戏剧史》　　　　056

建立杰作生成观念：《艺术创造学》　　　　060

第四章　院　长　　　　065

管理者　　　　065

守护者　　　　075

辞　职　　　　080

第五章　苦　旅　　　　087

文化地图　　　　087

语言魅力　　　　091

第六章　千年一叹　　　　097

悲怆的远方　　　　097

尼泊尔沉思　　　　　　108
欧洲的对比　　　　　　114

第七章　演讲的旋风　　125

《中华文化为何长寿》　　128
《中华文化的非侵略本性》　137
《驳文明冲突论》　　　　142
《第四座桥》　　　　　　146
环岛演讲　　　　　　　　150

第八章　五项澄清　　155

诽谤浪潮的源头　　　　　155
说几句重话　　　　　　　160
第一项，所谓"石一歌"　　163
第二项，所谓"诈捐"　　　167
第三项，所谓"阻止请愿"　170
第四项，所谓"文史差错"　172
第五项，关于"离婚"　　　174

第九章　文化峰峦　　　　　177

"记忆文学"　　　　　　　　179

《中国文脉》　　　　　　　　183

《君子之道》　　　　　　　　185

《修行三阶》　　　　　　　　187

《极品美学》　　　　　　　　189

《老子通释》　　　　　　　　191

《周易简释》　　　　　　　　195

《佛典今释》　　　　　　　　198

《文典一览》　　　　　　　　201

《暮天归思》　　　　　　　　203

《中国文化课》　　　　　　　205

大　隐　　　　　　　　　　　207

第十章　妻子马兰　　　　　213

你的眉眼　　　　　　　　　　213

惊鸿一瞥　　　　　　　　　　216

真正的高峰　　　　　　　　　221

行家的口碑　　　　　　　　　225

首席的创新：《秋千架》	229
封冻之后	237
画一个句号：《长河》	247

第十一章　以诗为结　　253

说　明	253
我的家谱	254
此生匆匆	256
何必再说	257
如　如	260

附　录　历史将会敬重	
香港《亚洲周刊》　江迅	263
影像选辑	275

前　言

本书原来的书名是《重新定义中国人》，这是借用了柏杨先生对秋雨先生的评价。后来又觉得这个书名太大，就改了。但这篇前言还是要从"重新定义中国人"说起。

秋雨先生早年切身感受过中国文化的冷冽，后来在神秘的半山老屋中苦读中国古籍，又冒险潜入外文书库进行了系统的钻研和翻译，这让他深谙中西经典。后来，在改革开放之初，针对长久的"极左"封闭，他又写出了一系列论述世界人文科学的重大著作。这一切，使他获得了极高的社会评价，因此被推举为当时中国最年轻的高校校长，还担任了几所著名大学的博士学位答辩委员会主席。

正是在这样的高光时刻，一道巨大的精神裂谷横亘在他面前。中国的改革开放引起了全方位的对比性反思，国内外不少人士对中国人和中国文化发出了整体质疑，"丑陋的中国人""民族的劣根性"等论述不绝于耳。

国外对中国人的偏见由来已久，对此秋雨先生早有关注。他研究过明清时期欧洲来华的几批耶稣会传教士的书简，如英国马嘎尔尼访华使团的记录，而让他产生极大心灵震动的，是看到美国早期报刊上描绘中国人的漫画。随着排华浊浪的兴起，漫画中的中国人形象越来越被丑化，甚至被丑化成异类、丑化成动物。但事实上正是这些中国劳工，以惊人的辛劳和智慧，完成了美国最艰难的铁路工程，为美国立下了巨大功劳。

　　看到"中国人"长期受到整体贬斥，秋雨先生深感痛心，因为这与他已经通悉的中西方文化格局完全不符。正在这时，他读到了英国哲学家罗素对中国的一些论述。

　　20世纪初，罗素曾到中国考察。当时的中国，备受列强欺凌，一片破败，让人看不到希望。但是这位哲学家却说：

　　　　进步和效率使我们富强，却被中国人忽视了。但是，在我们骚扰他们之前，他们还国泰民安。

　　　　白种人有强烈的支配别人的欲望，中国人却有不想统治他国的美德。正是这一美德，使中国在国际上显得虚弱。其实，如果世界上有一个国家自豪得不屑于打仗,这个国家就是中国。如果中国愿意,它能成为世界上最强大的民族。

不管是中国还是世界,文化最重要。只要文化问题能解决,无论中国采取什么样的政治体制和经济体制,我都接受。

罗素对中国历史了解不多,却显现出如此公平的见识。这使秋雨先生下定决心摆脱已有的名誉和地位,独自奔赴西部高原,他只想在那里找到能够说服中国人和外国人的实物证据。他在荒凉的汉唐遗址间一点点梳理,并急切地在小旅馆写成文章向外界报告。他把自己的这一行动,称为"穿越百年血泪,拜谒千年辉煌",寻找中国人的"集体文化身份"。

没想到,这一行动竟然产生了无与伦比的文化奇迹。全球华文世界本来就有森严的政治壁垒,他的书却穿过一切壁垒,受到几乎所有华文读者的由衷欢迎。近三十年来,在世界任何一个角落,只要能阅读华文的,几乎没有一个人不知道他的名字。

是他,用国际观念,把中华文化的整体神貌勾勒给了今天的世界。因他,当代华人在文化心态上可以心安理得,不卑不亢。

也就是说,他唤醒了一个庞大族群心底的文化密码。他已经远远不只是一个学者、一个作家。

著名作家白先勇先生曾这样称赞秋雨先生:"他创造了中华文化在当代世界罕见的向心力奇迹,我们应该向他致以最高的敬意。"著名作家贾平凹先生说:"这样的人才百年难得,历史将会敬重。"

在台湾地区,秋雨先生遇到了当年以《丑陋的中国人》一书闻名的柏杨先生。柏杨先生握着秋雨先生的手说:"两个字,羡慕。羡慕你以大规模的文化遗址考察,重新定义了中国人。"

从集体文化人格上"重新定义了中国人",这是一件多么了不得的事情,具有极其重要的历史意义和现实意义。

就连新加坡前总理李光耀也对到访的中国领导人说:"20世纪后期,海外华人重新对中华文化产生感动,主要是由于余秋雨先生的书。"

前不久读到一篇研究秋雨先生的文章,正是以贾平凹先生所说的"历史将会敬重"为题,为贾先生的论断列举了十多条理由。

这篇文章的作者是香港地区资深记者、文艺评论家、

《亚洲周刊》副总编辑江迅先生。他关注秋雨先生三十多年，对于秋雨先生的为文为人很有研究。笔者与他也相识多年，20世纪90年代中期，他代表香港《亚洲周刊》来采访，笔者全程陪同，行旅中相谈甚欢，情谊日深，成为密友。这次从文章中又听到了他那发自肺腑的声音，与笔者产生了心灵共鸣。因此，我决定把《历史将会敬重》一文作为本书的附录，推荐给读者，让它产生"压轴"的力量。

对于中国文化和中华民族集体人格的研究，是秋雨先生矢志不渝的追求。为了实现自己的理想，他经历了许多磨难，付出了常人难以想象的人生代价。正如新加坡"总统文化奖"获得者郭宝崑先生所言："他以旷世的才华和毅力，创建了中国文化在当代世界的全新感知系统，既宏大又美丽，功绩无人可及。"

江迅先生在文章中感慨：在历史上，真正的文化巨峰少而又少，一旦出现，同时代的人往往很难辨识，因为大家被太多流行的价值系统挡住了眼，而文化的高度又无法用权力标志和财富标尺衡量出来。但是，如果历史还值得信任，那么，高度总会还原。

笔者确信，历史值得信任。对于这样一位为中国文化和中国人做出世界性定位的智者、勇者，历史一定会给予应有的敬重。

　　为秋雨先生写传记，并不是笔者所能担当的。秋雨先生自己写的"记忆文学"《借我一生》《门孔》，已经带有自传的性质。据我所知，近二十年，在世界各国大学深造的华人学生常常把研究秋雨先生作为自己的学位论文选题。有的出版社还编印了他的"文化大事记"和"文化档案"。

　　我的这本书，尽量不与这些文本重复。其中很大部分是对他的学术著作的重新研读。既然学术意味较浓，称"评传"也算合适吧。

　　本书从动笔到成稿，整个过程都没有告诉秋雨先生。所用资料都是从散落各处的文化信息中搜寻、比勘所得。相比之下，台湾地区报刊留存的资料更多一点。我很期盼在此书付印前，能把清样让秋雨先生过目，做一些校核。有关秋雨先生的妻子马兰老师的资料，我搜寻的难度更大，只能从当年的报刊上摘寻一些零星报道。本书写她，主要是表述笔者看过她几台著名演出后的观剧体会。那些无与伦比的美好印象，历久弥新，实在难以磨灭。据说马兰老师并不希望别人写她，那我这次是冒险了，但愿出版后她能读得下去。

江学恭

2022 年 8 月

第一章

乡 村

余 家

2018年6月的一天,一个风和日丽的日子,我们一行四人,先乘飞机到宁波,然后租车前往浙江省余姚县桥头镇车头村(今属慈溪市),去探访心仪已久的秋雨先生的旧居。

作为他的读者,眼前的景物似曾相识,显得格外亲切。这真是秋雨先生行走过的阡陌吗?郁郁的苍山是否就是他初次认识世界的天际线?带着一系列好奇,我们向余家老屋奔去。

下车后,我们沿着小巷石板路,一路问去,七弯八拐,终于来到了一座古朴的老屋面前。作为本地姓氏的一个祠堂,显出庄重的气派。

老屋门前不太宽敞的坪院里,立着一块黑色大理石石碑，上面镌刻着"慈溪桥头余氏祠堂"的金色碑文，落款为"世界余氏宗亲会名誉会长　余秋雨"。老屋正中，是一间比较宽敞的堂屋，上书"余氏宗祠"四个大字。进得里间，则有一"优然堂"，祭坛上排列着祖宗塑像、牌位、余氏族谱。

通过询问和阅读，我大致了解了余姓的历史。

余姓虽然不属于大姓，其氏族却源远流长。

据考证，余姓可能是从姜子牙家族派生出来的，秦代时便有"由余氏"，一直没有出过什么显赫人物，倒是到了宋代，出过几个重要的远行者。一位是出使高丽的余姓外交官，一位是出使契丹的官员余靖。前者留在了高丽，繁衍了近三万余氏子弟。前几年，一位高龄的韩国大企业家还专程找到秋雨先生，商讨筹建世界余氏宗亲会。

到了13世纪，余氏出了一位赫赫有名的英雄将领余阙。据《元史》记载："余阙，字廷心，一字天心，唐兀氏，世家河西武威。"唐兀人是建立西夏王朝的党项人，来自古羌民族。

在一次次改朝换代的危局中，总有一面焦痕斑斑的"余"字帅旗让人震撼。宋蒙战争时，余玠在合川钓鱼城谋划抗击宏图；而在元朝面临灭亡时，余阙又在安庆城头壮怀激烈。

余阙治军严明，与部下同甘共苦。刘伯温曾作《沁园春》一词称赞余阙"清名要继文山"，文山，即文天祥的别号。刘伯温把余阙同文天祥排在同样的历史地位上。

余阙有子余渊，中过明朝的举人。他繁衍了余氏三支：一支在合肥，一支在桐城，还有一支在四川。后来，安徽的两支后裔流寓到了浙江。秋雨先生这一脉，便是浙江余氏。

当年流寓到浙江的余氏有好几批，人数不多，地点也不一。来到秋雨先生家乡的有两拨，一拨去山上种茶，另一拨在山下养蚕。

19世纪以来，海外列强对中国发动了几次侵略战争，使上海变成了畸形繁华的冒险家的乐园，吸引周边破了产的人们前去谋生。秋雨先生的曾祖父余鹤鸣先生和曾外祖父朱乾利先生，也在其中。

到了上海之后，曾祖父和曾外祖父奋斗了二十年成了上海滩的一代巨富。他们花大力气培养自己的后代，都把自己的儿子送进了当时最好的学校去读书。

不久，曾祖父和曾外祖父相继去世。祖父和外祖父不得不中断学业，接手了父辈的产业。可不到十年，企业败落，家产散失。

1942年，秋雨先生的父亲与外祖父家的二小姐订了婚。

因为在上海难以立足，余、朱两家的好些人搬回了余姚老家。

1945年1月9日，秋雨先生的父母在乡下大婚。余、朱两家相距也就半里路，一顶小花轿，将一位美丽贤淑的上海小姐抬进了这栋余家老屋。

1946年的8月23日，秋雨先生出生。

接生的女人说："是个男孩。"

祖母说："得有一个小名。"

"叫什么小名呢？"

祖母抬头看了看窗外，说："秋天，又下着雨，就叫秋雨吧。过两天雨停了，我再到庙里去，请醒禅和尚取个大名。"

第三天雨就停了。祖母来到庙里，请醒禅和尚取名。和尚在纸上画了一会儿说："叫长庚吧，不是树根的根，是年庚的庚。"

祖母觉得村上已经有两个叫长庚的了，不好区分。母亲有文化，躺在床上轻声对祖母说："还是您取的小名好，就叫秋雨吧！"

家乡庙宇很多,大的寺庙有金仙寺和五磊寺,后者还住过名僧李叔同。余氏老屋不远,有一座小庙叫吴山庙,里面住着一胖一瘦两个和尚。

庙宇虽然不大,却是当地人们的心灵安放之处。祖母每天手里拿着佛珠,端坐蒲垫之上,吟诵《般若波罗蜜多心经》。她身边还有很多婶婶、阿姨。不管是炎炎夏日,还是严寒的冬天,她们的诵经之声都如湖边的波涛,不绝于耳。

每逢庙会,周边的妇孺换上洁净的衣服,背着黄色的福袋,聚集在庙中。人多了,庙内佛号更是一片轰然。

有一天,幼小的秋雨正在家中酣睡,邻村有一个土匪帮会中人,因为缺钱,闯进他家,抱起孩子就走。他想把孩子作为人质,向余家要钱。他不听余家和邻居的哀求和阻拦,抱着孩子大步奔逃,逃进了庙会密集的人群中。

这人肯定从来没有进过庙会,完全被里边的神圣气氛镇住了。轰鸣的诵经声,众人虔诚的神情,缓慢的脚步,使他的心灵受到极大的震动。不久,他似乎变成了一个抱着孩子来拜佛的信士。终于,他抱着孩子挤出庙门,回到余家,把孩子放回摇篮里,然后平静地离开了。人们发现,两岁的孩子口里,含着一块糖。

这个土匪,初入佛门就发生了变化。变化的见证人,只有一个婴儿。土匪、佛、婴儿,这三相组合,颇为壮观。

对于童年时光,秋雨先生后来在《三岁》一诗中做了生动的描述:

父母一定是歪打正着,
安排我在乡下初次下脚。
踉跄的我踏上了踉跄的地表,
离开了摇篮,什么都还在摇。

这里的地板保留了树林的粗糙,
这里的泥路簇拥着兴奋的野草。
野草间有点点小花,
小花下有蟋蟀在奔逃。
奔逃到水边我为它惊叫,
它轻轻一笑,跳向一个草垛,
那里可能有它的小巢。

千金小姐回到了石器时代,
妈妈把我送进了一所恢宏的学校。
那是时间和空间的苍茫起点,

从头领略何谓悠久,何谓广袤。

这里的季节风雨变幻,
从小就懂得了万象如潮。
这里的天地辽阔无垠,
从小就不会自闭自傲。

哪怕风急浪高,
哪怕世事颠倒,
我沾土,
我着地,
我浑朴,
我低调。
举世皆乱我不乱,
举世皆躁我不躁。
千言万语几十年,
记得下地第一脚。

在此要赶紧说明,本书后面所引用的不少诗作,都出自《秋雨之诗》。读者将会发现,正是这些诗,为本书比较刻板的文字带来了翩翩风神。

上　学

　　我们看到，秋雨家的老屋是一排长楼中的一户。长楼朝南，分成七间，由七户人家居住。中间是公共活动空间，称为"堂前"。秋雨家是紧挨"堂前"的西边第一间。

　　这一间，当时是全村最热闹的地方，一到夜间便挤满了人。他母亲是上海的名门闺秀，也是方圆十几个村中唯一识字的女人，因此乡亲们都来找她读信、写信、算账、记账。

　　母亲由此想到，不如办一个识字班，利用农闲和夜晚的时间，教乡亲们学习文化，让他们能够自己读信和记账。于是，她到自己娘家朱家村，邀来了从新浦沿嫁过来的一位有文化的女士，她们一人教语文，一人教算术，在余家东门口的堂前，办起了识字班。

　　参加识字班的村民实在太多了，她们只好把地点改在祠堂。上课时，秋雨常常陪在母亲身边，时间一长，也就跟着认识了不少字。

　　识字班办得很辛苦，总共办了三年。因为一起教课的那位女士家中接连遭遇不幸，无法教下去了，母亲一人实在撑不住，只好将识字班停了。

　　每日晚间，母亲仍然为满屋子的乡邻读信、写信、算账、记账。桌子上那盏小油灯，映照着密密层层的身影。满屋的欢声笑语，使秋雨最早明白了文化的功用。

那天，母亲正在屋子里忙碌，乡里新办小学的老师走进来统计可以入学的新生名单。母亲笑着指了指桌子下面，问老师："在地上爬的要不要？"老师说："怎么不要，来，登记。"

就这样，刚刚四岁的秋雨要上小学了。

上学的前一天晚上，母亲在油灯下给秋雨新编了一顶草帽，并在帽檐上面用毛笔写上了"秋雨上学"四个楷体大字。

第二天一早，秋雨背着书包，戴着草帽出了家门。学校设在一个尼姑庵里，离家有点远，要穿过村舍、农田，还要在狭窄的河堤上走。母亲担心秋雨太小，想搀领着他去学校，但是被一旁的祖母拦住了。祖母说："不用，让他自己走着去。"

于是，四岁的孩子独自绕田涉水，走进了学堂。他发现学校里用毛笔，砚台和墨都摆在桌子上。因为年纪太小，每次上课，他都会弄得满脸满手都斑斑墨迹。老师一见，只得抱着他跑去河边给他洗脸。洗完脸，又把他抱回教室的座位上。但是，等到上完下一节课，他又是满脸墨迹，另一位老师又得抱着他到河边给他洗脸。如此这般，每天要重复多次。

远在上海的父亲，听说儿子四岁上学，吓了一跳，当时国家规定上学的年龄是七岁。他又听人说，年纪太小就上学会把脑子弄坏。因此，父亲来信要求儿子留级。叔叔、舅舅也反对孩子这么小就上学。舅舅还出了个点子，要秋雨每次考试都交白卷，以便留级。

母亲没有听从这些意见，听任儿子坚持学习，只是为了减轻孩子的学业负担，代做了全部"暑假作业"和"寒假作业"。

高山夜路

乡村的夜晚缺少光亮,却是孩子们玩耍的大好时光。秋雨会与村里的孩子们一起去外面玩耍,夜间的船坞、蟹棚、芦荡、苜蓿地、河埠头、风水墩,都是常去的地方。不过,月光下婆娑的树影,山坳里森森的冷风,却也令人发怵。

秋雨天生胆量大,很快成了孩子们中最勇敢的人。晚上去钻吴山的小山洞,去闯庙边的乱坟堆,都是他领的头。

六岁时的一天,秋雨放学回家发现母亲不在。祖母告诉他,母亲到上林湖山岙里面的表外公家去了,晚上会回来。

秋雨瞒着祖母,悄悄出了门向山上走去,他要去路上接母亲。从余家到表外公家,要翻过吴石岭和大庙岭两座大山,母亲带他走过这条路。

天渐渐黑了,秋雨一个人在山间走着。他知道山路遥远,山上还有野兽,但他并不恐惧,一心只想尽快见到母亲。

走了许久,翻过了吴石岭还是没有遇上母亲,他便开始翻越更高的大庙岭。好不容易翻过了大庙岭,终于见到了归来的母亲。母亲当时才二十几岁,一个人在夜里翻山越岭，也称得上勇敢无比。母亲见到夜间山路上的儿子，似乎并不怎么担心。胆大的母子二人，拉起手来，朝家里走去。

秋雨先生在《六岁》一诗中，记录了这段故事：

六岁是山的年龄，
已经看不起平地飞奔。
山离我家不近，
却成天想着攀登。

那天傍晚放学，
祖母说我妈去了上林。
上林湖边有一家亲戚，
却隔着两座山岭。

我一听浑身是劲，
悄然出了家门。
要瞒着祖母翻山越岭，
好让妈妈大吃一惊。

夜色越来越深,
山路一片安静。
这是虎狼出没的时分,
连风也不敢发出声音。

我也不想招惹它们,
把脚步放得很轻。
大庙岭上有一间小屋,
紧紧关着木门。

门开了,走出一位老人,
大概是乞丐吧,
劝我不要再走,
又递给我一根木棍。

我接过木棍还是往前,
觉得不能因为害怕而丢人。
丢人?丢什么人?
在虎狼前丢人?
在大山前丢人?
在自己前丢人?

这一刻,
我已经成为山间哲学家,
思考着生命的自尊。

终于见到了一个人影,
在月光荒山间袅袅婷婷。
妈妈看到我居然平静,
果然是哲学家的稀世母亲。

当然她也稍稍有点吃惊,
一下把我的手抓得很紧,
又弯下腰来看着我的眼睛。
多少年后,就在这山道边,
我安置了她的灵寝。

写　信

在余家老屋，带路的老者告诉我们，楼上的这间逼仄的仓房，就是秋雨自己张罗的学习室。

当时，他已经在读小学的高年级，很想要有个单独的空间来读书画画，就看中了这间小屋。

先独自做了一番大扫除，再把一张小床搬了进去，在靠北的窗口下放上一张小桌。然后，提起毛笔，在仓壁上题写了"学习室"三个大字，还在旁边写下了"身体好""学习好""时刻准备着"三行美术字。

他把伯父留下的一大箱书搬进了房间，选择了其中的《水浒传》《石头记》，巴金的《家》《春》《秋》，高语罕编的《世界名作选》来读。更令他开心的是，在书箱里找到了《芥子园画谱》，便天天临摹，成了他亲近中国古代山水美学的入门书。

从书箱里的书开始，他又将目光投向了小学里那间小小的图书室。但是，那间图书室的书实在太少，大家都想借，根本分不过来。有个老师出了一个主意，学生每写一百个字的毛笔小楷，便可以换借一本书。由此秋雨就用那一撇一捺的笔墨，换来了一本本书籍。

从七岁开始,母亲就把给乡亲们读信、写信的任务,交给了秋雨。第二年,母亲怀了弟弟,又把为村民记工分、算账的事情也交给了他。母亲对他说:"手巧裁衣,身巧爬梯,识水下河,识字拿笔。"

他懂得母亲的心意——虽然这些事情要占去很多玩耍的时间。

从此,每天傍晚下课后,秋雨回到家里就给乡亲们记工分、算账。晚上,就给乡亲们读信、写信。那些晚上,他家的堂屋里总是坐满了人,小孩子端坐在八仙桌上,就着并不明亮的煤油灯,低头写字。

对此,他在《七岁》一诗中有过细腻的描述:

这一带很多人外出谋生,
历来由妈妈读写书信。
她要把这件事交付给我,
一支笔,一沓纸,一盏油灯。

那时节村民们没有隐情,
每封信半个村子都挤着听。
小火苗扑闪着一大圈黑色头影,
全盯着那小手写写停停。

大娘低泣小婶抱怨最后都是探问,
幽幽悲欢今夜在这里翻滚。
凡是天下真情,总是词汇很少,语气很多,
小男孩投入了一门庞大的写作课程。

伙伴们心疼我在门外呼喊声声,
去钓虾去采瓜去抓蚯蚓。
我更想爬一爬月下的槐树,
却放不下那么多大人的眼神。

几年后我得了上海作文比赛第一名,
不少人都有点吃惊。
只有我妈妈,
轻轻一笑,把嘴一抿。

再过多少年我的书成了海内外的长年热门,
很多人来打听写作秘径。
答案是,我一直在写信,
前面永远站着收信的人。

离　开

在家乡，八岁的秋雨有过一次"失踪"。他在一首诗中写到这件事，又预告着由于父亲的安排，自己将离开故乡。

那年秋色正浓，
我有一次荒唐的失踪。
照例哪家找孩子喊几声就行，
但是喊得太久就会全村惶恐。
因为只剩下了两种可能，
一是落水，二是遇到了野熊。

我是村里"第一秀才"，
因为代写书信而被大家看重。
于是各门各户一起着急，
找遍了每一间废屋，每一个树洞。

我终于现身时还两眼惺忪，
原来在灶膛边的暗角睡着了，
祖母没看见，堆了一束干松，
我做了一个又暖又长的梦。

这件小事让我触类旁通,
世人的惶恐背后,很可能藏着从容。
天下有太多可能,
不会轻易失踪。

但是,难道真的不会失踪?
就在失踪事件的那个寒冬,
爸爸从上海回乡宣布,
已经开始搬家的行动。

那么,我还是要失踪。
失踪于乡亲,
失踪于田垄。
失踪于学步的泥路,
失踪于小学的课钟。
失踪于清洗墨迹的小河,
失踪于同村伙伴的笑容。
失踪于寻找妈妈的山道,
失踪于代写书信的灯盏。
失踪于那么多大槐和小树,
失踪于那么多茅屋和烟囱……

就连这些都可以割弃,
还有哪里不可以失踪?
失踪是泪,
失踪是痛。
然而若非此处断然拜别,
岂有别处机缘相逢?
若非此处风消雨歇,
岂有别处潮起浪涌?

我注定是永远的失踪者,
刚刚安身,离心又动,
衣带飘飘,行色匆匆。

小学毕业了。

父母亲决定,要送秋雨去上海读中学。因此,九岁的他来到了上海。

秋雨到上海后,父亲担心,从尼姑庵小学出来的他,能不能考入上海的中学,便请在安徽工作的叔叔过来辅导。

叔叔余志士,当时二十多岁,是个玉树临风的美男子。他曾在上海接受良好的教育,通晓中英文,酷爱《红楼梦》。

他不做任何辅导,只带着秋雨在上海各处闲逛。

那天,他们走进了福州路的一家旧书店。一进门,九岁的孩子就被店里从上到下、从左到右一排排垒起来的书山惊呆了。

叔叔以前经常光顾这家书店,对各类书籍的摆放位置了如指掌。他领着秋雨观看各个门类,指点著名作家的代表作。

在一排排书架下,秋雨问了叔叔很多问题。

除了去书店,还看电影。有一次他独自花了几分钱,看了两部片子。是苏联拍的,一部叫《第十二夜》,另一部叫《奥赛罗》,都是莎士比亚的作品。

那时候,他才十来岁,当然还不懂得什么是爱情,却被一种神秘的美吸引了。这种美,不仅在于剧中的人物和故事,更是一个陌生而辽阔的世界。

他觉得,这是一个可以让他终生投入的世界。

第二章

上海的学校

中　学

秋雨就读的中学是当时在新会路的陕北中学，曾经叫晋元中学，听说现在又改回了原名。

秋雨怯生生地走进高大的校门，便被学校的富丽堂皇惊住了。

花岗岩的台阶，大理石的地板，雕花柚木的楼梯，紫铜卷花的窗架，窗外是喷泉荷花池……几处楼房，以最迅捷的方式让秋雨领略到了近代国际大都市的独特生态。

入学第一天，老师在课堂上提问，点到了秋雨。提的问题不难，但他还不会说上海话，只能用余姚话回答，老师和同学都听不懂。

上海的中学，无论是校舍、老师，还是课程，都让秋雨莫名惊喜，但却很快遇到了学生完全不理解的"政治运

动",他又深感困惑。他在一首诗中记录了他当时的感受:

小学毕业到了上海,
却不敢说从哪里来。
柚木玉阶紫铜壁灯,
这所中学过于气派。

男女老师都有点奇怪,
那么多课程汹涌澎湃。
哥白尼、甲骨文、草履虫,
尼罗河、希特勒、华尔街……

周老师的历史课用一串悬念让大家猜,
同学们的答案使他的眼镜都滑了下来。
徐老师用半个学期让我深爱几何,
赢得了全区的数学竞赛。
上海的中学似乎有一支魔杖,
让很多学生都以为已经了然于世界,
无事不知,东方不败。

但是,老师的眉头皱了起来,

一场"政治运动"正悄悄展开。
音乐课的钢琴有点走调,
英俊的黄老师已被划为"右派"。
报纸说"右派"就是"敌人",
人们要同仇敌忾。
但实在找不到一丝仇恨,
凄美的歌声让我们目瞪口呆。

教古文的刘老师也遭了灾,
却又无人敢来替代,
于是荀子、韩愈都蒙上了污霾,
还搭上了屈原和李白。

从此之后,
我仇恨一切强加的仇恨,
警戒一切强加的警戒。
童年的记忆最难磨灭,
见过"迫害"只会敏感"迫害"。

只希望很多黄老师的钢琴流畅无碍,
只希望很多刘老师的李白还是李白,

只希望很多周老师的课程还是那么有趣，
只希望很多徐老师的几何依然精彩。

当年十岁左右的同学，
后来都成了改造历史的一代，
几乎没有例外。
看穿皇帝新衣的是一个儿童，
不错，不要轻视小孩。

在中学里，主课语文、数学的成绩很好，但他最喜爱的是美术课，而且已经显现出绘画才能。

美术老师发现了，指定他为美术课代表。

有一天，老师要求在课堂上进行人体写生，秋雨作为美术课代表理所当然地成了人体写生的模特。他穿着内衣站在讲台上，让同学们画。

站了两节课，老师把同学们的作品收上来。秋雨一看，同学们把他画成了千奇百怪的样子。美术老师笑着对他说："如果画得很像，那就成了照相，但美术不是照相。同学们胡乱画你，其实是在画他们自己，这才有意思。记住：天下一切画，都是自画像，包括花鸟山水。"

美术老师的这番话，让秋雨受用一生。日后当他受到各种诬陷的时候，一直平静、淡然，甚至快乐，因为那都是他们的"自画像"。

在一次美术比赛中的成绩，让他小小年纪就经常被邀去画大型的宣传壁画。1958年普陀区展览会入门处的大型主题画，就是他利用放学后的时间完成的。后来又被邀在安远路锦绣里的大墙上画了大幅卫生宣传画。秋雨先生回忆说："我爬在木架上画这幅大壁画的时候，下面总是有大量的路人驻足观看，不是因为画得好，而是因为画画的人太小。那时，我十一岁。"

初中毕业时，数学课和语文课的成绩均名列全校第一，报考全市任何一所重点高中都没有问题，秋雨却选了离家最近的培进中学①——图方便。

虽然只是一所普通的高中，却也有不少优秀的教师。英语老师孙珏先生对英语和中国古典文化都有很深的造诣。秋雨一生的英语基础，最初就是由他打下的。语文老师穆尼先生早年出版过好几本书，同时又是一位藏书家。

在一个夏天的黄昏，报纸上说，上海正在举办一场大规模的全市作文比赛，秋雨就坐在一个小板凳上随手写了

---

① 现上海戏剧学院附属高级中学。

一篇，投进邮筒，立即忘了。

没料到，这篇作文竟然获得了全市作文比赛的大奖，而且是首奖。

在那个隆重的颁奖典礼上，台上端坐着大赛的评判主席，他用幽默的言辞，把文章之道讲得清清楚楚，还特别评述了秋雨的获奖作品。秋雨对这位评判主席十分仰慕。

没想到二十几年后，秋雨担任全市的教授评审组组长，要评审当年的这位作文大赛的评判主席了。对于这种颠倒，秋雨先生认为并非一种"青出于蓝而胜于蓝"的胜负，而是一种时代接力。"他指点过我，那么，他的力就接在我的脚下了。"

许多年后，秋雨先生从报纸上得知，上海新会路的母校主楼，已经改由他的名字命名，便以一首《七律·写给母校》，表达了羞愧的心情：

玉阶檀壁饰铜灯，
稚目村童举步惊。
脉脉斯文融教室，
茫茫宇宙铸心灵。
恩师音貌皆缥缈，

吾学琳琅出此门。
忽报易名秋雨楼,
无言羞愧汗沾襟。

饥　饿

在中学期间，遇到了三年困难时期。

开始时秋雨以为只是自己家发生了伙食困难，后来才知，同学们都吃不饱，连老师们也不例外。

在饥饿时期，秋雨更饥渴的是读书。每天晚饭后步行一个多小时，到藏书最多却路途遥远的青年宫图书馆去。忍着饥饿走那么远的路，当然不是读轻松浅显的书。因此，这个十三四岁的孩子，已经迈出了很不平常的脚步。

后来，他说，有些天实在饿得走不动了，就去离家近的静安区图书馆。那个图书馆以杂志的陈列见胜，因此他就遍览了艺术人文领域的很多杂志，尽管有很多文章当时的他还很难读懂。

很难读懂，并不是阅读的南墙，而是好奇的起点。他已经成了一个兴致勃勃的少年书迷。

就在这样如饥似渴的阅读期间，秋雨渐渐形成最初始的好恶感觉。就像饮食一样，年轻人虽然还来不及找准自己的口味系列，却已经明确知道不想吃什么。在书板间，秋雨已经开始对那种大话、套话产生厌恶，决定穿过它们，去寻找真正的美。上海，为这种寻找创造了条件。

他在一首诗中写了这个过程：

不知天地受到了什么诅咒,
庄稼和麻雀一起被赶走。
整整三年的艰难,
千里城乡面黄肌瘦。

同学们天天互掐手臂,
看浑身浮肿瘪下去一点没有。
那是我们长身体的年岁,
青春在窄缝中做最艰难的搏斗。

我相信生命有一些终极理由,
在无望的困境中创造优秀。
孙老师从哪里找来了世界最新英语教材,
汪老师已经让我们把《论语》读透。

三年后困难时期终于退走,
才几天男女同学都容光焕发、精神抖擞。
比之于国际同龄学人,
无论学识思维都不以为羞。

只可惜好日子总不会太久,

才缓劲就冒出滔滔高论充溢四周。
我不知道他们想做什么,
但自己历来对大话、套话都难以接受,
现在更是塞住了耳朵转过了头,
细想在这般声浪中何以自救。
终于想明白了——
找一个美的角落,创建艺术的小宇宙。

因此在中学毕业前后,
我已经朝着一个方向疾走。
这就要感谢上海了:
那么多逆时的展览,
那么多远来的鸣奏,
那么多入画的深眸,
那么多入史的小楼……

也是在困难的日子里,秋雨接到了在安徽工作的叔叔寄到学校里来的一封信。打开一看,原来是叔叔向北京领导部门反映当地的严重灾情和有关部门的隐瞒。由于担心当地政府蛮横扣压这类信件,叔叔只得先寄到上海,要秋雨抄写后再寄到北京。这事风险很大,叔叔为了不让家人担心，也就没有寄到家里。

遵照叔叔的嘱托，秋雨用三天的课余时间，把叔叔的信函工工整整抄了三份，寄往了北京。中央有关部门收到材料之后，专门派了调查组到安徽，对相关问题进行了处理。

这件事，等于给秋雨上了一堂课。为了民间疾苦，必须以善良之心，不惧危险，勇敢斗争。

大　学

　　1963年的夏天，高中毕业。秋雨与两个小伙伴一起商量报考什么大学、什么专业。

　　当时的大学专业分三类：一类为理工科；二类为医科；三类为文科。三人成绩都非常好，觉得任何学校都考得上，决定用抽签的方式抽出一类、二类和三类，然后去考每一类里最难考的学校。这样，二十年后再相聚，人间的学问全都齐了。

　　丁同学抽到一类，决定去考清华大学；张同学抽到二类，决定考当时最难考的医科大学第二军医大学；秋雨抽到三类，考哪一所学校好呢？正在犹豫，有一个瘦瘦的老师找来了，自我介绍是上海戏剧学院的，说他们学院要按全国最高的要求，招收戏剧文学系一个班的学生，目前已经有数千人报名，只录取三十名。听说这儿有一个学生在全市的作文比赛中获得了大奖，特地来当面问问。

　　秋雨问："你们是不是今年全国文科大学中最难考的？"

　　"还没有做这种排列。不过，中国科学院院长、中国科技大学校长郭沫若先生，在他们大学的一次研讨会上发现了一个能写剧本的理科高才生，立即决定中止他的学业，推荐他到我们学院来读书。但这位中国科技大学的高年级学生,到我们学院只能从一年级读起,还必须经过严格的考试。如果你来报考,他是你的竞争者。"这位瘦瘦的老师笑着对秋雨说。

"你的竞争对手,还有巴金、杜宣、许杰等人的女儿。"老师又加上了一句。

一听,似乎达到了"最难考"的标准。

戏剧学院是单独提前考试。考生很多,要求又复杂,前后考了九场。这边刚考完,全国高校的统一考试又开始了。按照很多男孩的兴趣,秋雨报考了军事外语学院。

很快,两所大学都录取了他。上海戏剧学院抢先拿走了他的档案,而军事外语学院则派来一位姓刘的军官坐在他家里要人。因为秋雨英语成绩第一名,学校非要不可。

父亲觉得外语比戏剧更正经,就每天给上海市招生委员会写信,要求向戏剧学院追回档案。

秋雨也不了解戏剧学院,自己怯生生地来到设在同济大学的上海市招生委员会。工作人员早就熟悉父亲每天寄来的信,就请出了他们的主任姚力。

姚力主任资历很老,名声很大,却早已知道两所大学争抢一个考生的全部情况,一见秋雨二话不说,只是笑眯眯地宣布结论:"我们国家打仗的时间太长,军事人员过剩,而艺术人员缺乏,你应该读艺术。"

在主任看来,眼前的学生还是个孩子,因此说得斩钉截铁,说完就走了。

上海戏剧学院坐落在延安西路和南京西路交会处的"美丽园"。不大的院子里,有不少古香古色的小洋楼。草地花圃,显得幽静雅致。

既然已经投身戏剧,秋雨先生就很快建立了美好的理由。他在一首诗中这样写道:

我对艺术有较广的缘分,
至少绘画早已入门。
但终于投身戏剧,
是迷上了它的仪式气氛。

希腊戏剧家把观众拉到海滨,
以仪式探寻悲剧宿命。
莎士比亚用舞台考问心灵,
让观众一起仰望人文。
关汉卿改变了舞台功能,
成了审判流氓权势的痛快法庭。

汤显祖让所有羞怯的文人,
在现场直观了生死至情。

聚集在同一空间的是陌生人,
通过一种审美仪式一起提升。
这种现场联结着人类的起点和终点,
成了我应该投身的原因。

走进学院时我十分吃惊,
从来没见过那么多长相出众的男人与女人。
似乎有一种力量磨砺了他们,
一切显得优雅和安静。

看来气氛早已经养成,
一个个美丽的故事即将诞生。
那就没有来错地方,
这个地方也没有招错这个男生。

——多少年后,
他将以院长身份执掌门庭,
执掌得比所有的前任更加充分。

此刻毫无这种预感,

只见他一切随顺,步履轻轻。

当时,他们班上有三十个同学。坐在他后面的,便是郭沫若先生推荐来的"能写剧本"的曲信先,邻座则是巴金先生的女儿李小林。

不过,他学习艺术的好奇和热情,很快就被浇了凉水。因为当时社会上已经流行"极左"思想,几乎所有的艺术课程,都已经变成了空洞的"政治教条"。

很快,师生们必须到农村去劳动了。

但是,在极度失望中,也能遇到高贵的文化闪光。就在农村劳动的时候,他遇到了张可老师。

他和张可老师住在全村最穷的一户农民家。每天吃的菜,就是一碟盐水豆,连一片青菜叶也没见过,更不用说其他的什么菜了。最麻烦的是用水,喝水、淘米、洗衣,甚至刷马桶,全靠村里的一条杂草丛生的污浊河沟。

张可老师住在那间低矮的泥屋里,用一顶雪白的蚊帐,将自己与成天咳嗽不停的老太太和不时咩咩几声的两只羊隔开。

在下雨天不劳动的时候,也能读点书,聊聊天。有一次,张可老师看到秋雨在读一本兰姆的《莎士比亚故事集》英文版,就笑着说:"不要只读兰姆,最好读原文。"

秋雨说:"原文是上了年纪的英语,很难。"

张可老师说:"你真不知道读原文的乐趣有多大。"

接着,张可老师还谈起了朱生豪和吴兴华的莎士比亚翻译比较,介绍了法文翻译家傅雷。

张可老师还说,莎士比亚是位诗人,向他学编剧技巧是委屈了他。中国话剧的发展,关键是导演。中国传统戏曲,主要是靠演员的表演。

对于原来被学院里视为最重要的美国教授亚却、贝克、劳逊的戏剧教材,张可老师认为水平都不高,而且逐一讲解了理由。即使对于已经出版了厚厚著作的劳逊,也只是"稍稍好一点儿""但还是浅,而且啰唆"。

在闲谈中,她还直言,中国现代文学史上所有出名的作品,包括那些所谓"经典",她的评价都不太高,认为这些作品"缺少对人性的终极探寻,只是社会化、观念化、个人化的东西,既显得神经兮兮,又显得可怜兮兮"。

这个判断让秋雨先生大吃一惊,因为这与一本本现代文学史和大量报刊上的所有定论完全不同。更吃惊的是,这个判断与自己内心的感受倒是暗暗契合。他告诉张可老师，自己最喜欢的小说家，是法国的雨果、俄国的契诃夫、美国的海明威。

张可老师对此十分赞赏，认为这种内心的喜爱，比任何教科书都重要。

因此，一位长者所做的"文化减法"，让年轻的秋雨先生如释重负。由于做减法而带来的文化主动性、审美独立性，让他终身受益。

他明白了，学习文学艺术，应该通过广泛的自学去寻找与自己本性相通的稀世知音。因此，由于下乡劳动而中断了学院里的固有课程，反而成了好事。

每次劳动间歇回上海就从图书馆借取几本"稀世知音"，然后在农村泥屋里夜夜钻研。这样几年下来，他在文化学识上的收获，已经远远超过名校课堂所得。

因此，他始终认为，自己最充实的大学学历，是从农村泥屋里夜夜自学开始的。这个奇特的学历，让他快速成了一名知识渊博的青年学者。

第三章

文化引领

黑海银桅

秋雨先生这个系统而又完整的自学过程,是从1963年到1966年,整整三年。三年,对于一个聪颖、空灵而又如饥似渴的年轻生命而言,实在是一个不短的修习时间。他,正在渐渐靠近一个关键的年岁:二十岁。

二十岁终于来了,来得山呼海啸。

此后的经历,秋雨先生在以前出版的书中已有一些回顾,散见于《借我一生》《门孔》《修行三阶》等著作,本书就不重复了。

本书深感兴趣的,是1973年周恩来总理主持中央工作后主张恢复教育、编写教材,大学图书馆重新开放,秋雨先生终于有机会从农场回到上海,回到书籍之间。面对"极左"封闭造成的文化破败，他决定以一己之力编写《世界戏剧学》。这在当时还是严格禁止的，他通过熟人关系潜入外文书库，开始悄悄地投身于一个大规模的专业工程。

在我看来，这一工程的最大成果，不是一部书，而是余先生这个人。他还不到三十岁，已经成为一个博览世界的人文通才。以后他在环球考察时每到一地就面对镜头侃侃而谈，在联合国讲台上以精悉国际学术的演讲广受佳评，都与他这几年的钻研有关。后来不管谈什么问题，他总能不露痕迹地随口引述亚里士多德、黑格尔、康德、狄德罗、萨特的思维而让人震惊，也与他这几年的钻研有关。

四年后，为了感念重启教学之功，秋雨先生勇敢地组织并主持了上海唯一的周恩来总理追悼会，这是当时的"极左"权势者不能允许的，他于是逃避到浙江奉化半山一座废弛的藏书楼里。外文书库变成了满橱古籍，他就转而研究起老子、孔子、墨子、庄子。于是，到1973年下半年他刚满三十岁的时候，已经是一名学贯中西、创意勃发的优秀学者。

民间常有一个惯惯的误会，以为优秀学者一定是银须耆老，其实中外史实证明，最宏观的文化创建，总是与充满活力的青春体魄紧密相连。

秋雨先生在不断拓展的文化天地，与他身处的环境形成了强烈的对比。他认为，种种苦难可以重新铸造一个人的身心魂魄，然后来做文化上的大事。后来，他在《浪淘沙·黑海银桅》的下半阕中写道：

大善泪中栽，
绝顶风梅，
倾心浇灌更崔嵬。
无学之时求至学，
黑海银桅。

"无学之时求至学"，这一对比让人震撼。从"无学"到"有学"，这已经很不容易，而他说的是"至学"，那就是最高学问。秋雨先生把这个情景，比拟成在茫茫黑海间驶出一艘艘银白色的壮美帆船。

在另一首长诗中，他曾自述当年冒险潜入图书馆时的心情——

听说就要恢复教育,
图书馆已经撕下封条。
我央求一个熟人侧身而入,
就像是一把渴水的枯苗。

中外大师见到我都表情微妙,
蹲在书架上似笑非笑。
他们都记得我曾与暴徒激烈辩论,
要不然他们早已被大火焚烧。

他们不知道我在外面受苦,
躲在这里用厚尘当作护身衣袍。
他们的家乡都在千年万里之外,
各自在沉默中乱梦遥遥。

我与他们细语交谈,
三个月后形成了一个粗略纲要。
我决定在这阴暗的空间,
创建一座鸟瞰世界的文化城堡。

就叫《世界戏剧学》吧,

但在当时,
光这个书名就犯了禁条,
因为戏剧早已成了"极左巫标"。

我深知这部书生机缥缈,
却又把文化的尊严看得很高。
只要留下一些篇页就能证明,
此时此地也有过完整的美学思考。

于是,由亚里士多德的《诗学》领头,
意大利、西班牙、英国的同行逐一报到。
德国一来就占据思维高地,
严密而又深奥。

古代东方也很重要,
婆罗多牟尼艰涩缠绕,
连印度学人也不太知道。
世阿弥和能乐,
六百年前的日本风姿绰约。

要不要在书中推出那些"危险的思潮"?

叔本华、尼采、柏格森的名字,
真会把当时的中国学界吓着。
但是怎么能删除悲剧意志和生命冲动?
我还是恭敬地让出了篇幅,
让这片土地听一听嗓声奇美的夜枭的鸣叫。

是我引进了世界,
还是世界把我改造?
我后半辈子的生命基调,
都有狄德罗、歌德、雨果在发酵,
还有黑格尔的思维坐标。

这样的自我已经无所畏惧,
更不会忧郁和焦躁。
只要登上了高山绝顶,
就能俯视脚下的滚滚浊涛。

灾难过去,气清天高,
我的书出版后引来了一片惊叫。
我被颂扬成了黑海大船、深夜英豪,
依民意要出而为长,

掌管这所母校。

那年月我天天都在写书,
为建立诸多教材争分夺秒。
妈妈每隔四天送来一些饭食,
后面跟着爸爸,他们都已苍老。
妈妈看了一眼书桌扑哧一笑,
心想当年忙坏了老师的满脸墨迹,
怎么转眼变成了这么多书稿?

在"气清天高"之时,"黑海银桅"驶入了改革开放的黎明港口。秋雨先生顷刻获得了巨大荣誉,不断受到海内外的种种邀请,希望他参与很多热闹而光鲜的事情,但他全都拒绝了。

出于对世界文化和中国文化的熟知,他明白,中国的新时代可以由各种新政策和新数据来展示,但最重要的是,必须由新文化来引领。没有新文化的引领,即便欢欣鼓舞,也迟早会露怯。

文化引领,首先是现代文化观念的引领。这种现代文化观念,以前大家都很陌生,现在应该尽快普及,超越文化界，渗透到全社会。初一看，这些文化观念与现代经济生活关系不大，其实在深刻层面上，却关系密切。因此应该让一切现代人都熟悉。

秋雨先生认为，中国首先需要建立的是四大方面的现代化观念。那就是：整体国际观念、心理美学观念、人文史学观念和杰作生成观念。

因此，他在一片热闹中躲开热闹，投入了更繁重的文化学术工程。

建立整体国际观念：《世界戏剧学》

需要回过头来，再说说第一艘"黑海银桅"——《世界戏剧学》。

秋雨先生看到，从近代以来，中国文化并不全然拒绝国际，但大多是局部介绍、实用引进，缺少全时空的系统性。因此，他决定借戏剧学做示范，在时间上贯通几千年，在空间上覆盖全世界。只有这样，才能获得整体视野，抵达宏观自觉。

东西方的文化精华按照历史顺序在书中被系统阐述，其中又包含着大量的比较研究。从古希腊、古罗马、古印度、古日本，到意大利、西班牙、英国、德国、法国、俄国、瑞士、比利时等，收罗备至，几乎没有遗漏。

其实，书中所涉及的绝大多数内容，直到三十多年后的今天还没有被完整地翻译成中文。因此，全书的基本内容在中国都是第一次出版。

老一代翻译家李健吾先生并不认识秋雨先生，看到这部书后专门写信来说："这是我看到过的世界各国同类著作中最好的作品。我从来不会轻易说这种话。"

本书不仅覆盖面广泛，而且处处体现秋雨先生的理论裁断能力。而这种理论裁断能力，又与现代思维有关，与审美能力有关。例如，本书对于欧洲古典主义"三一律"等规范的冗长是非之争，虽也不得不投入相应的笔力，却显然不甚看重，而对于亚里士多德和黑格尔关于史学与诗学、永恒性和历时性的论述，却非常在意，并从中申述人类摆脱历史的纠缠而进入永恒诗学的崇高追求。后来，秋雨先生自己建立的"象征诗学"，就与此有关。

秋雨先生非常看重黑格尔的《美学》，但不喜欢他的终极概括，而喜欢他对诸多范畴的精到分析。然而，从黑格尔对歌德一个作品的分析中可以看出，这位杰出的哲学家不太懂得实际审美。由此，秋雨先生对狄德罗、席勒、雨果这样的真正艺术实践者特别注意，格外留心他们的理论表述。

当然，秋雨先生也发现，不少艺术实践者一涉及理论，往往停留在实用层面，如斯坦尼斯拉夫斯基。而布莱希特则有能力进入理论深层，可惜太哲学化了，未能协调好哲学与艺术的关系。

北京大学的杨周翰教授认为，本书对古印度戏剧及古日本戏剧的论述，对于国内和西方很多研究者来说，都是陌生而又重要的成果，因此有特殊贡献。

此书出版后的第二年即获全国大奖，而且，在使用十年之后，1993年又获国家文化部颁发的"全国优秀教材一等奖"。这个一等奖，那次全国只有两部著作获得，颇为珍罕。

难能可贵的是，这么一部学术著作，居然广受当代中国艺术实践者的欢迎。有好几位年轻的导演和编剧说，对他们的业务教益最多的，是这部《世界戏剧学》。于是，这部著作出现了一年内被不同的出版社三度再版的奇迹。

建立心理美学观念：《观众心理学》

在改革开放初期，文化界流行过一阵"美学热"。从德国的古典美学，到中国现代美学研究者朱光潜、宗白华、李泽厚，都成为一时热点。这本是好事，但是，深谙国际美学大潮的秋雨先生却要急切地告诉大家，那种从抽象到抽象的古典美学，已经被它们的故乡轻轻舍弃。当代智者早已走出概念泥潭，直接研究人们在接受艺术作品时的心理过程。因此，美学也已经转变成审美心理学，简称为心理美学。

这个转变是中国急需的，因为长期以来几乎所有的艺术理论都是从高处宣布种种"创作规则"，而不从低处来探寻观众的接受心理。这种"从上而下"的服从性习惯，很容易使艺术创作成为单向宣教。

因此，秋雨先生写出了国内第一部《观众心理学》，初版名为《戏剧审美心理学》。复旦大学江巨荣教授曾经在《中国社会科学》杂志上发表专论，称誉这部书从理论构架到概念裁定，都是全新的创造。

本书从审美过程中的一系列心理元素出发，来建立整体学理。例如，由浅层审美中的感觉、知觉、注意力，到深层审美中的移情、联想、哲悟,来逐项解析由心理法则到创作法则的理由。其中,又逐渐出现了一系列特定概念,如"人群的心理结构""观众的心理定式""反馈流程""集体心理体验""心理厌倦"等,成为一门新学科的基石。

精细地分析这一系列心理元素、心理走势,创作者也就从根子上明白了各种艺术成分被接受或不被接受的深层原因。这一来,艺术创作终于奠定了以接受者内心为支点的美学基座。

对于现代中国文艺理论而言,这是一个翻转整体方位的大变革。

更有意义的是,从这部著作开始,国际全新的"接受美学"思潮,在中国文化界生根了。而且,它在当时的实际影响力,又远远超越了文化界。新一代的改革者开始以"接受美学""审美心理"的方位来指导各项工作。

例如,他们如果试图建立自己的话语系统,并获得特殊效果,就必须紧紧把握住"注意力"的生成机制和延续曲线,其中又有"悬念设置"和"适度保密"的技巧。

其中,更为致命的是对接受者"厌倦心理"的防范。"厌倦",不仅使话语失效,而且快速产生逆反。这个问题,既是文学艺术的生死命穴,也是多种社会事业的成败关键,万万不可掉以轻心。然而,本书又从接受者的角度进一步认为,一个接受者具有"厌倦"的本能,是人性的高贵所在。人类正是在不断的"厌倦敏感"中,体验新陈代谢,走向未来。

为了展示这么一个宏大的课题,把戏剧作为重点研究对象是最合适的。因为戏剧在所有的艺术门类中,是一门需要全面调动视觉功能、听觉功能、整体感知功能、当场反馈功能的综合性艺术,几乎是审美心理的百科全书。

值得注意的是,秋雨先生在本书中不仅调动了大量的国际学术理念,而且提供了很多中国古典戏曲的例证,使这部著作与那些单纯介绍海外艺术流派的书籍有了根本性的区别。

此书于1985年获"上海市哲学社会科学著作奖"。直到前几年,还曾经成为美国大学心理学博士论文的研究主题。

除了理论格局的整体创新,本书在具体的分析中充满了丰沛又精微的艺术感悟。这只有一个真正的艺术家才能做到。因此,这本书是一个理论家和一个艺术家的拥抱。然而,这两个人却是同一个人。

但是，作为评传，也不能不指出这部著作的历史局限性，那就是缺少对不同观众群体的调查数据。在书中，我们可以看到秋雨先生对剧场调查数据的高度重视，又为自己很难实际参与调查和统计而深表遗憾。他显然早已明白，一部更成熟的观众心理学，应该以大量数据来垫底，作为每一个学理的基础。我想，随着大数据时代的来临，这个缺憾会由后代学者弥补。

建立人文史学观念:《中国戏剧史》

在完成以上两部开拓性著作之后,秋雨先生觉得应该动一动人文领域里根深蒂固的史学观念了。这是出于,史学观念关系到文化的生存方式和兴衰原因。

他立足的是人文史学。这近似于国际上的"文化人类学",但他觉得国际上的这种提法不太符合中国语文的表述习惯,而"文化人类学"的范畴又过于庞杂,应该另行命题。因此也可以说,他是"人文史学"这一命题的建立者。

人文史学,是以人类生存状态来研究文化艺术起源和发展的历史,并通过族群的比较来寻找不同的人文模式。这种史学观念,纠正了历来习惯的那种以邻为壑的"专史"传统,扩大了历史科学的广度和深度,又使人文科学获得了切实的时间印证。

因此,秋雨先生认为,这是对历史科学和人文科学的双向提升,应该也是创造新时代中国文化的又一个着力点。

正是出于这种突破性的大思考,秋雨先生着手著述《中国戏剧文化史述》,后来缩称为《中国戏剧史》。戏剧,又一次成为他推进人文史学观念的范例。尤其是,他觉得在中国戏剧史的研究领域,除了王国维的《宋元戏曲史》,总体水准都不高,正是一片便于重新打理的处女地,随之也便于干干净净地建造起一座人文史学的标本。

这部著作一开始就提出了一个对人文史学来说最为标准的难题:在人类几个重大的古文明中,为什么古希腊在两千五百年前就出现了戏剧黄金时代,古印度在两千年前也有过梵剧的繁荣,而中国文化本来什么也不缺,却独独缺了戏剧?

这是一个重大的人类学和民族学课题,不可能由传统的戏剧史家来完成。他们自己也坚称,"不能在尚无戏剧的时代研究戏剧"。当然,他们确实也没有能力来应对这么大的难题。

对此,秋雨先生发挥了一个全方位人文学者的综合能力,经过一层层宏观分析,得出一个重大结论:儒家文化的"礼仪"导致了中国人在生活上的"泛戏剧化";而儒家文化的"中庸"又导致了中国人在精神上的"非戏剧化"。无论是"泛戏剧化",还是"非戏剧化",都严重地阻碍了戏剧本体的隆重出现,迟到了一千多年。

这个论断,在中国戏剧史研究领域是一项惊天发现。发现的基点,在于对民族生存状态和精神状态的整体把握,以及与其他民族的深入比较。此间学术功绩,不言而喻。

紧接着,对于中国戏剧在迟到了一千多年之后终于轰然问世的原因,又必须从民族学、社会学上来研究了。秋雨先生对元杂剧的兴起,表现出了极大的学术热情,原因是,他感受到一种超越戏剧的天地合力。因此,在撰写这些章节的时候,各民族在生活方式和集体人格上的急剧转变,成了核心内容。至此,人们已经可以强烈感受到,这部阐述中国戏剧历史的著作,实在是最典型的人文史学范本。

这部著作在明清传奇上花了不少篇幅,其中有关昆腔的改革、昆曲的热潮、昆曲的衰落,都仍然放到社会生态和集体心态上来分析,于是戏剧史也就变成了社会精神史。

此书出版后在文化界引起强烈反响。著名作家和戏剧家白先勇先生说:"我要大力推荐余秋雨先生的这部著作,他以文化人类学来检视中国戏剧文化,可谓异军突起。这又是一部完整的通史,能够帮助当代读者对中国戏剧文化获得整体了解。"

有趣的是,这部出版于20世纪80年代中期的著作,罕见地被台湾出版界盗版。因为当时两岸间尚无文化交往，台湾大学几位教授向出版商隆重地推荐了这本书，并写了最高等级的推荐语，认为此书是"真正贯通古今的巨构"。后来，随着秋雨先生在台湾地区名声大振，这事也就圆满解决，正版代替了盗版。

建立杰作生成观念：《艺术创造学》

正当秋雨先生完成以上三部重大著作准备稍作休整的时候，文化部邀他主持修订全国统一教材《艺术概论》。这本教材原先已由很多人做过几度改写，却仍然保留着陈旧、空洞、"极左"、刻板的框架。秋雨先生看后，觉得难于动笔修订，因此只是提了一些严肃的批评，暗自决定另写一本。这就是《艺术创造学》（原名《艺术创造工程》）的由来。

秋雨先生在审读《艺术概论》时发现，这样的教材有一个令人沮丧的特点，那就是用最高昂的调门讲述着最低层级的道理。这样的道理只适合平庸之作，也适合失败之作，却始终没有探寻杰作生成的规律。

在艺术理论上，是着眼于平庸，还是着眼于杰作，这是一条等级的分水岭。作为高等院校的教材，更应该摆脱平庸，仰望杰作，并研究杰作的生成之道。

《艺术创造学》一书的引论，题为《伟大作品的隐秘结构》，开宗明义以"伟大作品"破题。秋雨先生说，对于大多数未必从事创作的学生而言，终身珍藏一些伟大作品在心底，是艺术教材的使命。

其实，在论述"隐秘结构"之前，艺术还有一个不隐秘的本性,那就是"创造"。所以,本书的两度书名,都把"创造"供奉在中心地位。

社会常常给艺术加添各种任务,例如,继承传统的任务,反映生活的任务,体现民心的任务,等等。这都不错,艺术也可以发挥相应的功能。但是,功能只是功能,艺术的本性只能是创造——从无到有的创造,前无古人的创造,震惊远近的创造。

显然,这件事情的意义远远超越于艺术范围。在改革开放、百业俱旺的年代,多个领域是向往杰作,还是满足平庸?在通向杰作的路上,是迷恋往昔,还是立足创造?这两大问题,摆在当时一切改革者面前。因此,秋雨先生在这本书中建立的"杰作生成观念",也就成了现代文化观念的第四项,引领了全社会。创造杰作,这是转折时期的社会所接到的文化命令。

《艺术创造学》细致探讨了在通向杰作的过程中,必然会遇到的一系列难题,如"无结论的两难结构""半透明的双层结构""人生况味""哲理品格""深层心理""直觉造型""实体象征""氛围象征""空框""仪式"等。每一个难题,都用国际公认的杰作例证予以具体说明,这就使难题变得可解、好读,成为杰作生成的美好路线。

其中,"无结论的两难结构""半透明的双层结构"两项,是前人从未论及的学术创建。秋雨先生曾在中央电视台专门讲述,获得国内高层级艺术家的一致好评。

本书为了启迪读者心底的审美直觉,动用了大量的艺术实例。这也是这部学术著作能够风行一时、人人争读的原因之一。但是,本书在动用实例时,故意避开了中国现代文学。原因在本书第二章已有提及,秋雨先生对中国现代文学评价不高,认为它们在反映现实、表达愤懑上难能可贵,但在艺术创新、美学自立、人文等级上还都来不及有太多作为。而且,在通行的教材上,它们已被说得太多、捧得太高。秋雨先生希望这部自编的教材,能让创造者获得一种陌生而新鲜的动力,并接通国际当代的艺术步伐。因此,他引用的理论,大多来自创造意识最强的法国,而杰作例证,则大多来自创造方式最强的电影。

这部著作对于艺术创造的研究,始终徜徉于当代国际最高等级。秋雨先生本人也就在这一过程中建立了自己全新的彼岸,那就是以海明威"非象征的象征"、迪伦马特"非历史的历史"为基础的"象征诗学"。他后来所写的剧本《秋千架》《长河》及小说《空岛》《信客》,都是"象征诗学"的杰出实践。

《艺术创造学》曾被几家杂志评为"改革开放以来影响最大的十本学术著作"之一。在台湾地区,先后有三家著名出版社再版此书。

以上四部著作,都以独立的开创性自成体系,成为当年理论著作中最受欢迎的特例。按照学术常规,一位学者如能完成其中一部,就能成为开山立门的权威泰斗。但是,这皇皇四部却是由一个人完成的,实在让人难以想象。

这四部著作,改变了一代人的人文观念和思维方式。一个在今天难以想象的事实是,当时走在时代前列的各界闯将,大多都仔细读过这些书,成为一个时代的共同进修方式。因此,它们的功劳,远不仅是重新构建了艺术和戏剧,而是用文化引领了时代。

秋雨先生通过这一系列重大著述,已经成为博通世界和中国,又站在时代最前沿的一代学术巨匠。江迅先生前几年邀请香港地区五位资深教授重新研究这几部完成于三十多年前的学术著作,他们的一致结论是:"这几部著作,至今仍然可以作为一流的高校教科书。"历史已经证明,而且还将继续证明,这些学术著作的人文价值是非常长久的。

通过这些学术著作,我们也就能进一步明白,为什么秋雨先生后来所写的《文化苦旅》《千年一叹》《行者无疆》《君子之道》《老子通释》《周易简释》等著作一出版就气势非凡，震动海内外。原来，他心中的文化早已接通国际人文，深锲人类美学，因此能做出最佳阐释。

第四章

院　长

管理者

秋雨先生的学术成就，震动了文化界。在北京、上海一批著名老教授的联名推荐下，他在没有做过一天副教授的情况下，直接破格晋升为中国大陆最年轻的文科教授，以及文化部系统最年轻的"国家级突出贡献专家"。

1986年2月的一个下午，秋雨先生从安徽贵池山区考察傩文化回到上海。刚把行李放下，隔壁的老太太就送来两张传呼电话单，上面写着同样的话："下午立即来办公室。"

时间已经是下午，秋雨先生只好急忙向学院赶去。换了三趟公共汽车，气喘吁吁地敲开了戏剧文学系办公室的门。系里的秘书要他立即赶到上海音乐学院的招待所，去见一位文化部的领导。秋雨先生以为是去参加一个什么座谈会，便问与谁一起去，系里由谁带队。秘书说："就你一个人去。"

召见者，是国家文化部教育司的方司长。

方司长首先征求秋雨先生对学院领导班子的看法。秋雨先生说，自己一向忙于教学和学术，系里的领导见得很少，对学院领导更加没有什么印象。

接着，方司长告诉秋雨先生，上海戏剧学院是国家文化部直属的重点院校，现正面临着领导班子的重新选择。文化部决定在这个学院做试点，在全体教师、干部中做民意测验，看看大家会选谁做领导。从去年到今年，已经悄悄地测验了三次。

秋雨先生对这些事情茫然不知，这段时间他一有空就在外地讲学和考察。

方司长笑着对他说，三次民意测验，你都是第一名，大家一致推荐你担任学院的领导。

方司长又对秋雨先生说，文化部领导和上海市委考虑到他的年龄优势和学术成就，对他很感兴趣。因此花了一段时间对他在"十年动乱"时期的表现做了严格审查，结果非常满意。方司长正式向秋雨先生转达北京和上海两方面领导的共同意见，决定请他出任上海戏剧学院院长！

秋雨先生一听，心里急了，结结巴巴地推托。方司长笑着说:"今天确实太突然了,你回去后再想一想。"

顿了顿,秋雨先生对方司长说:"如果你们去翻一翻我的档案,也许会改变主意。"

原来,"十年动乱"结束后的一段时期,上海搞过一次怪异的"清查",主事者仍然是"极左派",曾受到秋雨先生的严正批评,因此估计那帮人会在档案中塞进一些东西作为报复。

方司长说:"全看过了,确实有一点,倒是不多。十一届三中全会之前留下的那些材料,颠倒了历史是非,反而证明了你的清白和正确。"

方司长离开上海之后,上海市高等教育局的领导胡志宏先生继续找秋雨先生做动员工作。他曾经主持对秋雨先生履历的审查,所以动员起来更加知心。他对秋雨先生说:"不为苍天为黎民。"

"做行政工作是当公共保姆,太累了。"秋雨先生说。

"我不入地狱,谁入地狱!"胡志宏又说。

当人们得知谁要被提拔的消息之后,关于他的流言便会马上铺开。但是,秋雨先生有可能出任院长的消息传开整整四个月,领导部门居然没有收到一条否定的信息,更没有出现一个可替代的人选。

对此，秋雨先生有点感动。

有一位张廷顺老师，早在秋雨先生入学时已经是教务处长。后来，他身体不好，很少在学校里出现。就在秋雨先生拒绝出任院长四个月之后，二人在大草坪边相遇。

张老师拉着秋雨先生说，这个学校折腾了几十年了，现在帮派林立，没有一件事能够取得一致意见。现在终于在一件事上取得了一致意见，那就是大家都选择了你，你再拒绝就不好了。张廷顺老师还表示，如果秋雨先生答应做院长，他愿意再一次出山，担任教务处长。

胡志宏先生也表示，如果秋雨先生接受任命，他愿意申请从上海市高教局下调到上海戏剧学院做书记，帮助秋雨先生做好学院的工作。

有一位老同学在外单位工作，看到秋雨先生为这件事苦恼，便主动提出自己去给老师们做工作，要大家不要把一个做学问的书生拿到火上去烤。结果，那位老同学找了十几位老师长谈，回来之后却对秋雨先生说："做吧。"

原来，几乎所有的老师都对这位老同学说："我们看着他长大的，知根知底，放心。"

"经历了几十年的'政治运动'，一个人能让这么多人放心，太不容易。"老同学感叹地说。

看来是怎么也推不掉了。

在上任前，秋雨先生抓紧时间做了三方面的准备。

第一方面，赶快结束手上的学术著作。他认为，一边做院长一边做学术是不可能的，因为那样只会把两边都做坏。他决心在任职期间全身心投入管理，最后一篇文章是正在为美国夏威夷大学学刊写的学术论文《论中国现存原始傩文化的美学特征》。文章发表时，他已在任上了。

第二方面，到书店采购外国名校的管理规则和联合国教科文组织的一系列文件，以及近几年国内高校教育体制改革的调查汇编，寻找其间的逻辑基点。

第三方面，找学院里各级行政人员和老师征求意见，让他们指出学院现存的问题，以及解决的建议。

做完这些事，他就作了一个施政报告《我们别无选择》，正式上任。

秋雨先生后来说，自己虽然没有做过领导，但对任何复杂难解的事情都有化繁为简的管理冲动。例如，多年前他还非常年轻，去亲戚家时，发现邻居正在办丧事却一片混乱，他就站出来讲话，把来自各家的人群按当天的需要分成几组，指定组长，并定下目标和要完成的时间。才半个小时，混乱就完全解决了。这件事，一直是亲戚和邻居的美谈。

因此，当他召开第一次院长办公会议的时候，没有任何迟疑，好像已经任职多年。

据学院里的教师和干部回忆，余院长上任后不久，学院面貌焕然一新。主要是因为做了三件大事，而且做得雷厉风行。

第一件大事，简化人际关系

余院长发现，学院和国内很多单位一样，长期停步不前的重要原因，是被纠缠不清的人际关系困住了。

因此，他宣布，在他任职期间，不会培植任何一个"亲信"，要求所有的副院长、系主任也必须如此。

果然，余院长在任期间，尽管所有的干部和工作人员都处于兴高采烈的状态，但谁也指不出，哪一个是他的"亲信"。他喜欢有效的执行者，但并没有什么"核心团队"。由他开始，人际关系也就大大简化了。

一切绕着关系来办的事，在学院里全部被斩断。例如，评审专业职称时，若有教师私下请求或托人请求，那就一定投否决票。即便专业合格，也否决。

任何工作，都用"直接法"办理，一是一，二是二，过程和目标清晰透明，不留灰色地带。

由于大家长期以来深受人际关系积弊之害，因此全院立即响应，一时风气全变。

第二件大事，重建课程结构

学院自建校四十多年以来，课程结构十分混乱，很难找到几份可以继续使用的系统教材。

这与多年来"政治运动"的反复折腾有关，国内很多人文艺术学科都是如此。但其他高校都先后有所改变，逐渐建立了一些专业基础教材，而上海戏剧学院则过分强调艺术"随机而发"的特殊性，一直缺少建立专业基础教材的动机。早在20世纪50年代有援华的苏联专家带来过斯坦尼的一些训练方法，但在中苏关系恶化后又不用了。

这个问题，在最重要的表演系特别严重。即使是那些比较有名的老教师，大多也只是戏剧活动的参与者或爱好者，基本没有建立过艺术教育的系统规程。每个专业必须训练哪一些基本元素？然后又怎么合成心理体验和外部形态？其间有哪一些"必需技能"？它们之间的顺序应如何排列？等等。如果没有建立一系列共通的基础教程，只凭教师随心所欲地摆弄，而很多教师自己并不怎么会表演，这就连老戏班子里师父带徒弟式的"学馆"也不如了。余院长认为，作为新一代教育改革者，应该同情和理解老一代的艰难，却又不能掩饰他们留下的荒凉。

因此，余院长安排教务处组织一批头脑清晰又懂外语的中青年教师，尽可能搜集海外资料，根据国际上同类院校的课程设置，经过比较选择，制定最简明的"上海戏剧学院应有课程结构"，成为学院里的"专业宪法"。

然后，通过"学生评课"和"专家听课"两种方式，选出目前学院里值得留存的课程，与"应有课程结构"对接。

余院长认为，学院的种种管理工作、人事工作、后勤工作，都应以课程建设为主导。没有基本的课程建设，学院就没有存在的必要。

在余院长的全力推动下，全院快速出现了评课、听课、编教材、试新课的热潮。不少新课程进入教室，又有不少教师在层层筛选中被淘汰。由于主攻方向明确，情势非常紧迫，人际关系也就变得更加简明，整体氛围得到快速改善。

遗憾的是，在余院长离开之后，通用基础教材的建设又渐渐回到了停滞状态。

第三件大事，美化生态环境

余院长上任第一天，整个校园尘土飞扬，那是在拆除

"八大仓库系统"，包括"木材仓库""钢材仓库""玻璃仓库""课桌椅仓库"等。这是后勤部门贪大求全设立的，相应还增加了一些科级单位。

余院长说，我们学院不大，那么多仓库各自膨胀，让师生只能斜着肩膀走狭窄的路，心情怎么会好？木材、钢材、玻璃，要用时到外面购买就可以了，为什么自己要存放那么多？艺术院校必须有艺术环境，心态离不开生态。

两个月后，原来的仓库变成了草坪、树丛、花圃、雕塑、石径、庭廊。余院长说，在这样的环境中，再调皮的学生也不想动粗了。

直到今天，面积不大的上海戏剧学院常常因为庭院美丽而被海内外艺术家称道，这一切都是从那个尘土飞扬的日子开始的。

在进行这三件大事的过程中，整个学院像过节一样，人人容光焕发。

直到前几年，上海戏剧学院讨论今后的努力方向，有几位资深教授提出，"回到余秋雨时代"，获得了广泛回应。可见，当年的美好氛围已经长留记忆。

余院长施政，简捷而高效。不管是开全院大会，还是院长办公会议，他说的话都不多，却立即就能付诸行动。

他早已是一位名扬全国的大理论家，但在施政时几乎不讲理论。这让人觉得奇怪，时间一长大家也就明白，真正的大学问家有能力跳过理论的表面，去提炼最简明的行动方案。一切在空洞概念里折腾的人，只能证明自己还没有弄明白。

复旦大学原校长王生洪先生担任上海市高教局领导期间，曾多次向各校领导推荐余院长的施政方略。在全国文化部系统所属的所有艺术院校中，上海戏剧学院的工作更是遥遥领先，余院长本人又很快被文化部教育司表彰为"全国最具有现代管理能力的四名院长"之首。

守护者

在简化人际关系、重建课程结构、美化生态环境的过程中,余院长越来越感到教师队伍的严重缺陷。但是依照我国当时的人事制度,一个院长要辞退和引进教师,都困难重重,这可能是他在担任院长过程中感到最无奈的地方。

对学院的学生,他十分疼惜,一再表示,任何像样的教育者都不会抱怨学生。学生是初雕之玉、新琢之器,好不好,要看雕琢者的本事。作为一院之长,他觉得自己的天职是守护他们的健康生命。

有一次,一家报纸的记者向余院长报告,上海戏剧学院的学生看演出时大声喝倒彩,破坏了剧场气氛。报纸准备就这件事情发表评述,对他们进行严肃批评。希望院长有心理准备,并予以配合。

余院长问记者:"对于满意的节目,学生叫好了吗?"

"喝倒彩和叫好,都很大声。"记者说。

于是,余院长说:"那么请你报道,我院长和学生站在一边。剧场不是办公场所,不是居民小区,本来就应该接受观众的热烈反馈。莎士比亚就是由伦敦环球剧场的观众一年年欢呼出来的。其实,整部世界戏剧史,都是观众的叫喊声筛选的结果。连戏剧学院的学生到了剧场也变得正襟危坐,不苟言笑,那还办什么戏剧学院!"

几句话,说得记者无言以对。

当然,余院长过后还是要请有关部门提醒学生,"喝倒彩"应该谨守分寸,尊重那些艺术等级不高的同行,也尊重其他观众。

另有一次,学院里舞台美术系的学生,到浙江一座小岛上去写生,与当地的居民打群架,受了伤被羁押。当地有关部门要学院带着处分决定去,才肯放人。

余院长一听,问清了去写生的学生的人数,就快速做出判断:在小岛上打群架?肯定是当地人多得多。因此,更可能是学生们受欺侮了。他立即向上海和浙江的公安机关报案,要他们公平调查。几经联络、催促、追踪,果然得知,是当地的地痞流氓先动的手。

事后,他要求学院有关部门去码头迎接,并带了医生去,亲切慰问受伤的学生。那些拄着拐杖、缠着绷带的学生,以为回校要受处分,看到这番情景,禁不住热泪盈眶。

经过这件事,几乎整个舞台美术系的学生,都成了余院长的热烈拥护者。

但是，保护学生，绝不是纵容学生的恶。

一个宿舍里的五位女生，怀疑另一位女生可能会给老师打"小报告"，不问情由动手就打，而且一打就收不住了，打得这位女生被送进了华东医院。医生看到惨状，都惊叫起来。

余院长得知此事十分愤怒。五个打一个，没有任何理由，出手又如此凶狠，越出了人道的边界和法律的边界，不能容忍。带班老师向院长请求对她们网开一面，只做违纪处理。

院长则主张，将五个打人的女生全部开除。他还为此给全校学生做了一次报告，论述艺术和人道主义的关系。他说，人道主义比学院纪律更重要。守护善良，是保护学生的前提。

其后，余院长还亲自做出了一个开除决定。他在学生食堂用餐时，亲眼看到一个学生与食堂女工发生争执，竟然把一碗稀饭倒在女工的头上。

院长对那个学生讲了开除的理由：第一，你是青年，她是长辈；第二，你是男人，她是女人；第三，你是大学生，她文化不高。以稀饭淋头，这个行为极其恶劣。

开除，是对其他学生的心灵守护。

当然，总的说来，余院长治校，还是以宽松、宽容、宽厚为本，抵制"极左"时期的"斗争哲学"。他认为，这才符合改革开放的整体气氛。

例如，有一次，一位具有"大批判惯性"的老干部拿着学生赵耀民刚写的剧本在会议上厉声质问：为什么剧本开头专门注明"舞台中央有一把空椅子"？为什么要明目张胆地写出"中央"两字？

余院长一听，平时语气温和的他突然变得大声："舞台中央"就是"舞台中央"，你的联想才别有用心。今后我们学院谁也不能在政治上无限上纲，坑害无辜！从此之后，那种以整人为目标的"政治大批判"，在上海戏剧学院就完全失去了空间。

另有一位姓吴的离休干部，资格更老。秋雨先生入学时他是"领导的领导"，高不可攀。离休后去北方参加一位老战友晚辈的婚礼，返程坐火车回上海，正好另一个老战友的儿子是火车司机，他就在火车头上搭了座，却没有想到，没有火车票在上海不能出站。这就成了一个"逃票"事件，火车站要学院去领人，并进行批评。这事惹怒了学院里的一大批老干部，认为那个"逃票"者让他们都丢了脸，要严厉处分，并公开批判。

那位犯错误的老人敲开了余院长办公室的门，表示愿意接受一切处分，但是为了脸面，最好不要把处分决定张贴出来。

余院长一听，立即表态："你不会受到任何处分。"

老人大吃一惊，询问理由。余院长说："你过去出行都由工作人员办票，因此不知道铁路规则。当然，也是因为贫困。这都不是你的错。"

在一次院长办公会上，有一个负责思想教育的干部说，一位姓肖的年轻女教师在学生宿舍拥抱男朋友，影响不好，应该处分。余院长听了一笑，细加追问，才知道这位女教师住在学生宿舍的一间房子里，被一个学生从钥匙孔里看到拥抱男友的动作。

余院长就回答："没有让教师宿舍和学生宿舍分开，是我院长的责任，请代我向那位女教师道歉。对于那位从钥匙孔偷看后再汇报的学生，应该严加批评，不准有第二次！"

这些事件，都在学院里快速传播，余院长的威信越来越高。他不管出现在哪一个群体场合，学生们一见总是鼓掌欢呼。当时，上海戏剧学院几乎每一个师生员工，都为自己的学院深感自豪。

辞　职

一个正当盛年的学术权威，居然具有那么高超的行政管理能力，并广受拥护，这实在太引人注目了。况且，他正处于不拘一格选拔高官的时代，又处于选拔频率最高的上海。周围不少官员纷纷调到北京，而他，则几度在"副市长"和"副部长"这两个职位之间被反复征询意向。

当时的他，对自己产生了警惕。尽管他自己毫无官瘾，却如前面所述，在本性上有一种诊断任何管理难题的兴趣，而且又能把这种兴趣快速转化为实施能力。正是这种出于本性的兴趣和能力，使他很可能不小心接受某个职位，甚至很多职位。

这就坏了，因为这会使自己变成另外一个人，最后完全失去自己。自己，应该是一个具有至高审美品格的文化创造者。

在当时做出这种自我判断，令人惊悸。因为这意味着彻底阻断浩浩仕途，连现任的院长也要辞去。这在当时，几乎不可能做到。

因此，有很长时间，他虽然表面上还在院长的职位上忙碌，私底下却在辞职问题上犹疑、冥思、期待。

期待什么呢？

期待一个他必须投身的文化行为。当然，必然是重大、紧迫、别人无法取代的那种文化行为。

如果借口为了专业研究而辞职，连自己也说服不了。因为以前的四部学术著作，已经在四个人文领域完成了归结性的建树，没有必要再添加什么。

只有一个文化行为，憋在心中已有几年，却一直没有找到最佳的呈现方式。这个文化行为就是，重新定义中国文化，重新定义中华民族的集体人格，重新定义中国人，而且，让海内外的华人都能点头。

起因是，改革开放以来，大家揭露了以前不断进行"阶级斗争"的种种弊病，又看到了国际上正常的文化生态，对比之下，自惭自急，有不少文化人因此从整体上鄙视中华文明，出现了大量诸如"丑陋的中国人""民族的劣根性"等论调，几乎无人反驳。当然也有人以空洞的教条来对抗，起到的却是反作用。

如前所述，秋雨先生曾经以四部学术著作，向当代中国传播了一系列国际文化观念，产生了极大影响。但是，中国人这个族群的本体，究竟是什么样的呢？中国文化的自身素质,又是什么样的呢?显然,这触及了更深刻、更艰难的课题。

他深知中国文化是人类历史上唯一没有湮灭和中断的古文明,后来衰落到任何列强都可以欺侮和践踏,自己又内斗不断,邪孽横行,外人轻视,自信荡然,确实让人心痛。但他又切身感受到,中国文化的内在美质并没有全然失去,中国人自己应该明白中国文化骨子里的高贵,海外华人也应该明白。如果不明白,一代文化人必须承担起"唤醒"的责任。他把这件事,看成是后半辈子最值得投入的文化行为。

整整几年,他都在考虑这个文化行为的实施方式。怎么才能"唤醒"?通过什么途径才能有效"唤醒",而且是海内外一起"唤醒"?

按照王阳明"知行合一"的思想,没有找到实施方式,再好的意愿也是空的。终于,几次应邀到西北地区的大学讲课时,寻访到了一些已经荒废的遗址,他有了主意。

遗迹为什么让人感动?因为它们是"实物证据",既能证明空间,又能证明时间,足以让今人和外人相信,千年前的中国文化是什么样的。随之又让他们相信,创造这些文化的中国人是什么样的。于是,在"唤醒"遗址的同时,也能"唤醒"整个民族。

如果有一番大规模的遗迹探访，把中国文化的基本经络勾勒出来，那就有可能达到这个宏大的目的。

这件事很大、很累，花多少年都值得。而且，在文笔上应该又是一个大创新，既能打动普通读者的心，又能打动高层智者的心，那会是一个系统的文化工程。

真正投身这样的事，就会比以前的那些学术著作更重要，也比担任院长、部长、市长更重要。这一来，辞职的事就有了强大的动力，再难也不在乎了。

他在独自思考中，还为强大的动力加添了一些特殊的分量，那就是把自己放在一个坐标中作纵横比较。投入这番大规模的遗迹考察，如果不带团队，只有一个，那就必须是饱学之士，但饱学之士怎么有体力走完漫漫长途？如果真能找到一个既有学历又有体力之人，他是否还有畅达的表述能力？表达不好，又如何"唤醒"？把这种种条件都加在一起，环顾左右，找不到合格者。秋雨先生心头冒出四个字："舍我其谁？"

于是，辞职的行动开始了。

认认真真地写好了辞职书，一式三份，一份寄给文化部，一份寄给上海市高教局，还有一份寄给上海市委组织部。

三封辞职信寄出之后，竟如泥牛入海，杳无音信。

耐着性子等了一个月，就打电话去问，三个地方的答复都是一样：报告收到，辞职"不可能"。

原来，几个领导部门都以为他与别人一样，是在以辞职引起更大的关注。不久，两位级别很高的官员找他，在北京大雅宝的空军招待所正式约谈，说又有两个副部级的领导岗位，请他选择。

这种误会使他十分着急，再三陈述自己的真实想法，拒绝了他们的好意。

回到上海之后，又一连写了二十几封辞职信，分别寄给有关部门，可是仍然没有音信。

于是，借着一次因结石而暂时住院的机会，夸大病情，"串通"胡志宏书记和学院医务处，帮忙渲染，造成已经不能正常从事行政工作的假象。可爱的胡志宏书记当年力劝秋雨先生出任，现在几度细听秋雨先生申述辞职的文化理由，居然完全被说服，也成了秋雨先生的帮手。

此外，又悄悄地请常务副院长胡妙胜先生主持学院的全面工作，造成即使秋雨先生不在学院，工作也能很好运转的事实。

最后，秋雨先生又给文化部分管上海戏剧学院的副部长高占祥先生直接写信，信中声称如不批准辞职，将自行离开。

这么一套"组合拳"打下来，终于产生了效果，辞职的请求终于被批准了。文化部副部长陈昌本先生希望他担任"名誉院长"，他拒绝了。陈副部长无奈，亲自从北京到上海，主持隆重的辞职仪式。

北京、上海的各级领导都用最高级别的词汇，评价余院长过去几年的工作。他自己做了一个有趣的辞职讲话——

感谢文化部和上海市委批准我的辞职请求。但是刚才几位领导对我的评价实在太高，就像是把追悼会提前开了。（**众大笑**）

这些年我确实做了不少事，而且天地良心，确实做得不错。（**热烈鼓掌**）但是，这不应该归功于我，而应该归功于"势"，也就是从社会到学院的大势所趋。我，只是顺势下滑罢了。

想起了一件事。前些年云南边境的战争中，一位排长以身体滚爆了山坡上的一个地雷阵，上级决定授予他特等英雄的称号。但是，他对前来采访的记者说，那次不是有意滚雷，而是不小心摔下去的。记者说，特等英雄的称号立即就要批下来了，提拔任命的一切准备工作也做完了,你还是顺着"主动滚雷"的说法说吧,这样彼此省力。但是,这位排长始终坚持,他是不小心摔下去的。

结果,那次获颁英雄称号的是另外两个军人,现在他们都已经成了省军区副司令。但那位排长很快就复员了,仍然是农民,在农村种地。有人问他是否后悔,他说:"我本是种地的,如果摔一跤摔成了大官,那才后悔呢!"(**鼓掌,笑声**)

我做院长也是顺势下滑,与那位排长的摔跤下滑,差不多,因此,他是我的人生导师。(**热烈鼓掌**)

我的另一位导师陶渊明说:"归去来兮,田园将芜,胡不归?"

所不同的是,我没有田园,连荒芜了的都没有。(**笑声**)因此,我不如陶渊明,也不如那位排长,无法回去,只有寻找,寻找我的田园。

找到或者找不到,我都会用文字的方式通报大家。(**热烈鼓掌**)

谢谢!(**长时间热烈鼓掌**)

其实,秋雨先生要找的"田园",是旷野间已经衰落的辉煌。他要以长长的苦旅去寻找,去抚摸,去唤醒。

第五章

苦　旅

文化地图

苦旅是艰难的，没想到记述苦旅的文字立即在海内外产生了巨大反响。由此，他感受到中国文化所暗藏的力量。秋雨先生在一首诗中，道尽了其中的滋味：

路途荒荒，
我恓恓惶惶。
依稀间马蹄细碎、胡笳低响。
唐诗的断句总有点凉，
原来沙地都是未化的霜。

恍惚之间又听得，
岑参他们在吟唱。

岑参的凉州我也爱，
只是无鞭又无缰。

但是千年没白过，
我握住了世界的鞭和缰。
于是也就更明白：
斑驳的废墟是巨构，
出走的祖辈太辉煌。

每天夜晚总在写，
边塞旅舍孤灯黄。
张张稿纸粘泥污，
塞进路边小邮箱。

果然遗迹被点醒，
随我的笔触飞远方。
举世华人心一抖——
血脉的尊严竟遗忘！

立命的地基已踏访，
同胞的哽咽在耳旁。

那就继续吧,
让脚步和笔墨再流浪。

我会去找牧野,
我会去找西羌,
我会去找墨子歇脚的石塘,
我会去找屈原振衣的山岗。

一路上边走边写,留下了《道士塔》《莫高窟》《阳关雪》《西域喀什》《都江堰》《废井冷眼》《黄州突围》《山庄背影》《宁古塔》《抱愧山西》《风雨天一阁》《天涯眼神》《千年庭院》《追回天籁》《故乡》等一大批散文作品。几乎每一篇,一发表就在海内外卷起抢读风潮。

他在千辛万苦的旅途中发现的这些地点,现在都已成为尽人皆知的旅游热点,但在当时,却很少有人知道。即使偶有听说,也不知道其中包含的宏观文化意义。

因此,可以说,秋雨先生为转变中的中国,完成了一次意义非凡的"文化踩点"。

"文化踩点"的结果,使点点线线合成了一幅特殊的文化地图。在这之前,人们熟悉的中国地图,大多是行政地图、疆界地图、军事地图、经济地图、气候地图,却一直没有一幅像样的文化地图。这次,由秋雨先生辛劳的脚步和笔迹绘成了一幅。在这幅文化地图背后蕴藏的,是一个庞大群落的精神轨迹。

于是,我们看到了大量不可想象的事情:

因为《抱愧山西》,平遥民众决定为晋商遗迹腾出地方,在城外建设迁居点,取名为"秋雨新城"。

因为《都江堰》,当地民众在古堰坝边上,立石成景,镌刻着秋雨先生的文句。

上海的主要领导下令,全市各级官员必须把《文化苦旅》中写上海的篇目细读三遍。

其他很多被秋雨先生写到的遗址,大多在醒目的位置,展示着秋雨先生写到本地的语录,有的地方甚至全文抄录。

这些古老的文化遗址,还迎来了大批台湾旅行者,他们中一半以上的人,都携带着秋雨先生的书。

…………

语言魅力

《文化苦旅》所开创的文化大散文,以宏阔的国际视野、崭新的历史意识、鲜活的话语方式,极大地拓宽了散文的审美空间。

笔者偶尔在《台湾论学》一书中读到语言学家桑庚楚教授的论文《平易中的语言魅力》,他认为秋雨先生的散文持续那么久一直受到海内外的欢迎,一个极重要的原因就是语言。特选录如下:

余秋雨先生的作品为什么会持续那么多年受到全球华文世界的欢迎?这是一个神秘的问题。

很多人认为,是因为他作品中有足够的知识含量。但是殊不知,余先生恰恰是为了逃避"知识含量"才写散文的。他早已是一个学术著作等身的大学者,发现再庞大的知识系统也无法体会人生的幽幽厚味,才拿起了文学的笔。他怎么舍得再用散文来写知识呢?他多次说过,好的散文不应该依赖知识性、学术性,那些东西常常造成"文气滞塞",是文章中不好的部分,应该尽量删掉。

也有人认为,他的作品受欢迎,可能是出版机构

"炒作"的结果。这实在是一些卖不掉书的文人的自我心理安慰了,完全与事实不符。从大陆的资讯来看,余先生出每一本书,几乎都没有召开过新闻发布会、新作座谈会。他在台湾地区受到如此欢迎,更没有人为的因素。总之,与其他作者相比,他在这方面的"炒作"几乎无迹可寻。

那么,余秋雨先生的作品受欢迎的秘密究竟是什么?

我认为有很多原因,这篇短文只想谈一个最具体、最感性、最技术性的原因:语言。

语言在文学中的重要意义,一定被人们轻视了。人们更重视的是内容。其实,语言才是真正的基元,就像唱腔在意大利歌剧和京剧中的地位。

简单说来,余秋雨先生的文学语言有以下几个特征——

第一,剥除装饰。也就是比较彻底地脱卸了语言的外在装潢,裸露出语言本身最朴素的肌理。他的笔下很少出现形容词、成语、排比,完全不做五光十色的文字游戏。

他坚持用"最彻底的清水大白话"写作,淬炼着自己终极的文字功力。

除了剥除色彩的装饰，他也不喜欢特殊气息的装饰。他的文字既没有名士气、酸涩气、冷峭气，也没有桐城气、民国气、港台气，更不追求京味、川味、马背味。他舍弃这些气味，以一种洁净的语言进入了一种无障碍状态，几乎具有了无限的发挥可能。相比之下，有的作家往往让特色太浓的语言困住了生命。

第二，融化艰深。为每一个艰深的话题寻找最平易的入口，使险峻的精神高度获得了世俗牵动力。

例如，他要通过对清代历史的重新认识来探讨民族主义的思维陷阱，这本是很难通俗得了的课题，但是《山庄背影》开头却由每一个中国人从小就在历史课里产生的误会说起，一下子把所有的读者都带入了，而且带入得那么平等。又如，他要通过对清代晋商的升沉来探讨中国商业文明的命运，也是够大够难的题目，他却从自己对山西的抱歉之情说起，再引入论题，这个论题也就软化得大家都能接受。余先生的每一篇文章几乎都是如此，这并不是谋篇的策略，而是以诚恳之心左右了语言，使语言具有了广泛的吸附性。

英国历史学家屈维廉（G. M. Trevelyen）说：有一种说法，认为通俗一定容易，有趣一定浅薄，晦涩一定艰深，实际情况正好相反，容易读的东西最难写。

据我所知，自从余秋雨先生的散文成功后，大陆的很多抒情作家开始写文化，很多历史学家开始写通俗，但都没有取得真正的成功。从这个意义上说，余秋雨先生不可模仿，尽管看起来最容易模仿。

第三，重在叙事。余秋雨先生认为叙事是文学之本，抒情和议论都应以叙事为基础。我想，这是受了司马迁的重大影响。在社会上，抒情常常被误会成"文学性"，议论常常被误会成"深刻性"，叙事历来不被充分重视。但在余先生的文章中，几乎不见单独的抒情，偶有一定篇幅的议论，但主体部分一定是叙事。这才是真正的高手，把情、理隐伏在叙事中间，表面上不动声色，却远胜直抒、直论。

叙事到一定程度，余先生会铺展出一个感性场景，使读者身临其境。余秋雨作品的文学素质，往往在这种场景中表现得特别透彻。

叙事是一条美丽的山路，而场景则是山头观景的亭台。

第四，优雅警句。余秋雨先生笔下的警句，都用口语方式呈现，没有格言架势，也没有布道模样，而只是依据感性场景自然流出。但一旦出现，却显得凝练隽永，让人反复吟诵。

我自己就经历过很多这样的场合,一群原先并不相识的人在一起聚餐,突然争相背诵起余秋雨先生文章中的警句隽言来了。背诵过程中发现,在场的其他客人虽然没有读过余秋雨先生的书,却也能立即听懂,而且立即安静。

第五,非凡节奏。余秋雨先生的文章极可诵读,我听过好几位资历很深的朗诵专家诵读余先生文章的录音带,都极为振奋。余先生的文章中隐藏着一种难度最高的口语潜质,这可能与他曾经长期担任上海戏剧学院院长,熟悉表演艺术中的台词功力有关。

这种口语潜质常常体现为作者喁喁私语间的心理徘徊、进退自问。你看这段:"只要历史不倒退,时间不倒退,一切都会衰老。老就老了吧,安详地交给世界一副慈祥美,假饰天真是最残酷的自我糟践。没有皱纹的祖母是可怕的,没有白发的老者是让人遗憾的。没有废墟的人生太累了,没有废墟的大地太挤了,掩盖废墟的举动太伪诈了。"

这是一段议论,魅力全在内心节奏。有无奈叹息,又有自我说服,然后产生联想,最后得出领悟——这每一层,都粘连成一体,无法中断,却又由不同的语言节奏来表明。

他写什么都好看，说什么都好听，也都与非凡节奏的魅力有关。

只要细细品味就能发现，余秋雨先生的文章每一篇一开始叙述，就进入一种择定的节奏系统。他知道推进速度，更知道回荡旋转，即使那些难啃的段落，他也能靠着节奏的收纵来贴合读者的心理推进逻辑，然后在余音袅袅中了结。他是靠着节奏把广大读者"圈"进去的。

以上几点，我认为是余秋雨先生的宏大文化思维能够深入人心的技术原因。

何谓华人？语言是基点。重振华文在当代世界的语言魅力，这也是他的重大贡献。

第六章

千年一叹

悲怆的远方

1999年8月28日,秋雨先生正在中央电视台为十余个国家参与的国际大专辩论赛担任总决赛的总评审,香港凤凰卫视中文台台长王纪言先生追到北京,找到了他。

王纪言台长告诉秋雨先生,他们有一个庞大的计划,准备组建一个拍摄小组实地考察人类重大文明遗址,每天向世界直播。这就必须由一位精通中国文化和世界文化的大学者引领,每天在文化遗址前讲述重大文明比较。他们一致认为,秋雨先生是不二人选,但这一路充满危险,历时又很长,不知能不能答应。

秋雨先生一听就兴奋。前些年他以艰苦的"文化苦旅"重新定义了中国文化和中国人,却还缺少与其他文明的切实比较。因此,这次世界范围内的文明遗址考察,正是自己内心的企盼。再危险，也不怕。

他立刻答应了，回家后，郑重地告诉了妻子马兰。

马兰熟知国际政治和世界地图，设想这一段行程，满脑子都是战壕、铁丝网、炮火、地雷、炸弹。她思考了一夜，同意丈夫参加，却要求在最艰苦的路段自己也参与，陪在丈夫身边。

出行之前，秋雨先生带着妻子去看父母，却又不能告诉实情，怕老人担心。没想到，母亲那次正巧拿出一件礼物送给马兰，那就是秋雨先生出生后穿的第一双绣花婴儿鞋。马兰高兴地接过，轻声说："妈妈，你当时一定没有想过，那双肉团团的小脚，将会走遍全中国，走遍全世界！"

1999年9月28日，秋雨先生引领的团队从香港出发了，去寻找世界历史教科书中依稀提到的那些地名，如帕特农、卢克索、佩特拉、巴比伦、波斯波利斯、扎黑丹、伊斯法罕、犍陀罗、瓦拉纳西、菩提伽耶、蓝毗尼……

秋雨先生每天的考察日记，通过海事卫星在世界十几家华人报刊逐日发表，立即拥有了无数读者。这些考察日记，后来就结集成了《千年一叹》一书，一出版就成为当代经典。

如此规模的考察，此前世界上没有文化学者完成过，于是，秋雨先生也就成了创造历史的第一人。他代表着全球唯一没有中断过的古文化，因此意义更是重大，引起了国际社会的广泛关注。由于要贴地穿越很多危险地区，因此，他以及他身后的中国文化，又一次以勇者的形象令人景仰。

这次考察的内容非常丰富，笔者只能略谈当时追看电视报道，后来再读考察日记所留下的几点最初又最深的印象。

印象之一

到埃及，先瞻仰建于四千多年前的胡夫金字塔和孟斐斯，然后直奔卢克索，路上要花费十几个小时。

两年前，1997年11月，一群恐怖分子在卢克索杀害了六十四名外国旅游者。结果，第二年去那里的游人不及前一年的二十分之一。由于恐怖分子在警方的围捕中全部被击毙，所以至今还不知道他们的组织背景。埃及政府不得不时时严阵以待，提防屠杀事件再次发生。

一路上的行程匪夷所思。近八百公里的路途上，处处布满岗哨和碉堡。全副武装的军警，随时准备射击。每走过一段路，就会换下前一段路上护送的军警，车队又继续前进。

走了一段之后，竟然换上了装甲车，车顶上架着机枪，呼啸前行。中途停车上厕所、吃饭，当地的警察和士兵会把旅行者们团团围住，不让恐怖分子有袭击的机会。

伟大法老的后代，竟然只能用装甲车和各种武器来欢迎埃及文明拜访者，实在让人感叹。

印象之二

穿过荒凉而壮丽的西奈半岛，去以色列。于是，埃拉特、杰里科、约旦河、戈兰高地、拿撒勒、特拉维夫、西耶路撒冷，等等，陆续出现在脚下。

耶路撒冷，被战火毁灭过八次，却是世界上被投注信仰最多的城市。犹太教、基督教和伊斯兰教三大宗教，都把它视为自己的悲情圣地。在那里，几种强烈不同的服饰和礼仪，裹卷着近距离的防范和愤恨。好像千年生死对峙，今天又会发生。

宗教悲情中必然包含着久远的使命、虔诚的奉献，因此最容易走向极端。从古到今，世界上最难化解的冲突，就是宗教极端主义。相比之下，中华文明的长久延续，正与它拒绝了宗教极端主义有关。中华文明也曾走向极端，但由于不是宗教极端主义，因此就不容易伤及根脉。

印象之三

在去特拉维夫的路上,秋雨先生一行进入了一座当年十字军东征时留下的城堡。城墙上有城垛、箭孔,下方是饮战马的水槽,建筑材料则是刚被摧毁的古罗马建筑的精致残柱。

这是一座进攻性的城堡。它小,可以快速建造,快速放弃;它只驻扎兵马,没有居民;它的材料取自被毁的城市,具有强烈的破坏信号。相比之下,在中国,没有见过一座进攻性城堡,即使是万里长城,也只是坦荡荡的一堵守护性外墙,不存在任何侵略的含义。显然,那是中华民族精神结构的象征性造型。

印象之四

秋雨马兰夫妇刚到特拉维夫,便去拜谒拉宾广场。那是以色列前总理拉宾因为呼吁和平遇刺身亡的地方。

拉宾遇刺地点的北侧有一条小路,路边长长的墙上密密麻麻地留着许多祭奠者的题词。由于太多太乱,当局正派人用水龙头冲洗。

秋雨先生拉着妻子跑到水龙头还没有来得及冲洗的最后一块墙上,去辨读这些题词。他们在希伯来文、阿拉伯文中间寻找英文:

"事件发生的那年我还不知道你倒下的意义,但这几年我明白了,这个国家需要你……"

"给和平一个机会吧……"

"世界不会忘记……"

马兰说:"我们也来写吧。"

他们找了一块空白的地方,用大大的中文字写了三遍"和平",然后一笔一画地落下了自己的签名,再用英文注明:我们来自中国。

秋雨先生认为,在充满战争狂热的土地上,真正的英雄并不坐在坦克里,而是在冒死呼唤和平。

…………

来不及继续读印象了,他们的考察遇到了麻烦。

伊拉克显然是这次行程中重要的一环,但是由于已经去过以色列,伊拉克政府不让进,无奈之中只得花钱请一位旅游公司的老先生疏通。他们最后要求在一切行李上撕掉希伯来文的标记,而且只勉强允许极少几个人进入,马兰和另外几位只能回国。

1999年11月7日,秋雨先生和马兰在约旦佩特拉山口告别。

马兰早已感受到这一路的无限凶险,顿时泪流满面。

她十分担心丈夫的伊拉克之行,因为在当时,那是生命悬崖的边缘。但现在她只得坐车离开,留下丈夫去冒险。

马兰上车之后,秋雨先生绕到马兰坐的窗边,伸出手掌贴在窗上。可窗子是密封的,马兰听不见丈夫在说些什么。车子开动了,她看见丈夫像一根木头一样立在旷野之中,一动不动。她伸出手掌,久久地合在刚才丈夫留在窗户上的掌印之上。

秋雨先生独自在佩特拉山口站了许久,心中默念了一句话:"妻子,但愿我们此生还能见面。"

在伊拉克关口,海关人员行动非常缓慢。他们随手从地上捡起半截麻绳,把几个人随身带的电话捆在一起,加上了封签。

由于电话被查封,凤凰卫视总部收不到前方消息,电视无法直播,大家都以为人员失踪了。

马兰回到上海的家中,第一时间打开电视机,得知了"集体失踪"的消息。

马兰连忙问凤凰卫视,得到的回答是:"还没有联络上,还在寻找。"

这些天,她不出门,不吃饭,不睡觉,不梳洗,成天趴在电视机前,面无人色,蓬头散发。

她神情恍惚地设想着丈夫的遭遇——关进了地牢,捆绑着,被毒打。

后来,秋雨先生一行终于在巴格达找到了中国大使馆,这才使所有的华语观众松了一口气。直到这时候,马兰才哭出声来。

在巴格达的一个弹坑边,秋雨先生为此行写了一首主题歌,歌词为——

千年走一回,
山高水又长。
车轮滚滚尘飞扬,
祖先托我来拜访。
我是昆仑的云,
我是黄河的浪。
我是涅槃的凤凰再飞翔。

法老的陵墓,
巴比伦的墙。
希腊海滨夜潮起,
耶路撒冷秋风凉。

我是废墟的泪，
我是隔代的伤，
恒河边的梵钟在何方？

千年走一回，
山高水又长。
东方有人长相忆，
祖先托我来拜访。
我是屈原的梦，
我是李白的唱，
我是涅槃的凤凰再飞翔！

去巴格达，是为了祭奠巴比伦文明。这种文明比中华文明还要年长，对后起的各种文明产生过全局性的影响。他们创造的"楔形文字"，至今已有六千多年的历史。但今天在这最古老的文明遗址上，已经找不到多少遗迹。到处枪口森森，贫困肮脏，触目惊心。这片土地，似乎不再与历史、文明、文字，保留多少缘分。

秋雨先生在路上见到两个拖着沉重大板车的男孩，一问，是兄弟俩，哥哥刚十三岁。问他们为什么不上学，哥哥说："父亲在战争中死了，家里还有母亲和妹妹。"

秋雨先生想送他们一点小礼物,但口袋里只有两支圆珠笔,便拿出来塞在兄弟俩的手上。心里想说的是:你们可能都不识字,用不着圆珠笔,但你们知道不知道,你们的祖先,是世界上最早发明文字的人。

秋雨先生后来写到,光这么一想,就暗自流泪,为文明,为历史,为人类。

进入伊朗之后,在首都德黑兰住了几天,便开始南行。秋雨先生知道,波斯文明的雄魂,在遥远的南方。

去南方的路程十分艰难,而且土匪出没无常,发生过许多次绑架事件。一位在伊朗工作多年的记者告诉秋雨先生:"那里土匪猖狂,毫无安全可言。不久前,一家中国公司的几辆汽车被劫持,车上的人大部分逃走,一位胖子逃不出来,硬是被绑架了很长时间。更惨的是一位地质工程师,只是停车散步,被绑架了八个月,他又不懂波斯语,天天在匪徒的驱使下搬武器弹药,到最后逃出来的时候已经须发全白,神经都有点错乱了。"

秋雨先生在新闻报道中看到,就在二十天之前,在今天要去的扎黑丹地区,发生过一场激烈战斗。三十九名警察与四十五名毒贩进行战斗,历时两个小时,结果警察牺牲了整整三十五名,只有四人活着。

然而，危险和艰苦挡不住脚步，秋雨先生一行每天清晨五点出发，一路奔驰在伊朗高原的荒山野岭间。

终于来到了扎黑丹，就是前面提到的刚刚死了三十五名警察的地方。到了这里才知道，两天前又死了三十二名警察。

这里的贩毒集团和宗教极端主义组织融为一体，绑架外国人质也是他们与政府讨价还价的筹码。但是，从这里往前走，只有一条路，避不开。

有同伴担心秋雨先生的安全，建议他坐一段飞机。秋雨先生说，如果这样做，就太丢人了。

同伴说："你是名人，万一遭难，影响太大。"

秋雨先生说："如果被名声所累，我就不会跨出历险的第一步。放心吧，并不是所有中国文人都是夸夸其谈，又临阵脱逃的。"

尼泊尔沉思

秋雨先生由于天天在恐怖而又陌生的地区历险，完全忘了时日，忘了 20 世纪即将结束。日本的《朝日新闻》在世界各国选出了十个有代表性的人物谈谈自己对新世纪的看法。在中国，他们选了秋雨先生。

因为时间临近，《朝日新闻》中国总局局长加藤先生急了，他在香港打听到了秋雨先生的行踪，就亲自到印度拦截。

见面说清原委后，秋雨先生问加藤先生："跨世纪十人，其他的九人都是世界级的政要大亨，为什么会选上我？"

加藤先生说："是你一步一步地告诉世界，人类最辉煌的文明故地大多已被恐怖主义控制，而你自己又恰巧代表着另一种伟大的古文明。"

加藤先生采访的问题很多、很大，都是关及新世纪人类文明的重大课题。

例如——

20 世纪眼看就要结束，人类有哪些教训，要带给新世纪？

两次世界大战的惨痛教训有没有铭记？

联合国秘书长安南不久前说，最近十年间死于战乱的人数仍高达五十万，可见自相残杀并没有停止。新世纪怎样避免？

除了战争，还有大量危机，例如，地球资源已经非常匮乏，而发展情况较好的国家却以膨胀的物欲在大量浪费，该怎么办？

人口的比例严重失调，凡是文明程度高、教育状况好的群落，都是人口锐减，这如何是好？

在政治和宗教方面的冲突，并没有缓和的迹象。那么，人类应该如何共生共存……

不时地摇头，叹气，忧心忡忡，成为那次采访的整体氛围。

那天讨论的问题，把行途中的秋雨先生带入了更宏观的思考。

例如，印度教和佛教，都是印度土生土长的宗教。佛教是印度文明的最高成果，后来却被印度教压倒。秋雨先生在印度看到了一种奇特而又典型的精神结构：佛教是一种智者文明，印度教是一种土著文明，伊斯兰教是一种外来文明，这三者在印度的最终排列顺序是：土著文明第一，外来文明第二，智者文明第三。这个顺序，似乎浓缩了整个人类文明的习惯性排列。

相比之下，尼泊尔的宁静却使秋雨先生感到舒服。这里没有多少文化积累，也没有自己独立的文明，为什么能够给人们带来这么多的愉悦？

这个问题让秋雨先生心中一震。这里，无论是喜马拉雅山，还是原始森林，都比人类文明早很多。没想到人类苦苦折腾了几千年，最喜欢的并不是自己的创造物！

这里便出现了一个深刻的悖论。本来，人类是为了摆脱粗粝的自然，而走向文明的。文明的对立面是荒昧和野蛮，但是渐渐发现，事情发生了反转：拥挤的闹市可能更加荒昧，密集的人群可能更加野蛮。

人们终于承认，以前的文明造成了太多恶果，如果愿意给文明新的定位，那么，它已经靠向自然一边。

秋雨先生认为，我们已经不可能改写人类以前的文明史，但有权利总结教训。最重要的教训是：人类不可以对同类太嚣张，更不可以对自然太嚣张。

这些感想，是刚刚亲历的万水千山给予他的。

1999年的最后一天，秋雨先生待在尼泊尔喜马拉雅山下的一个旅舍里，点上屋里的火炉，又燃起了桌上的蜡烛。

这次冒着生命危险,把中国之外最重要的人类古文明遗址全部巡拜了一遍。此刻,依傍着地球上最高的山脉,秋雨先生觉得有必要把整体感受归结一下,也算是对加藤先生"世纪之问"的初步回应。

显然,这次自己看到的那么多古文明发祥地,没有例外,都已衰落。对于这种情况,不必伤感,因为一切生命体都会衰老。但是站在实地,看到那些虽然断残却依然雄伟的遗迹,凄凉地抖索在当代的荒凉中,心中还是惊恐莫名。

古希腊文明标示着人类的全方位奇迹,但是居然已经毁灭了几千年。它们并不是因为"过时"才毁灭的。既然我们可以一步跨入它们,那么毁灭也可以一步跨入我们。

古埃及文明的湮灭程度相当彻底。由于外族入侵后的长久统治,人们从血缘到信仰都已经很少保留古埃及的脉络。也就是说,连人种也几乎消失了。

从约旦河两岸到底格里斯河、幼发拉底河,再从伊朗高原延伸到南亚,这个地方拥挤过人类史上特别重要的古文明:巴比伦文明、波斯文明、古印度文明、古希伯来文明、阿拉伯文明……它们都对人类的发展做出了极大的贡献。但是,这么一片悠久而荣耀的土地,已经全然被西方列强和极端主义闹得精疲力竭，遍地狼藉。

在考察那么多古文明遗址的过程中，秋雨先生一直在默默地与中华文明对比。中华文明成形时间，在几大古文明中不算最老，应该是在苏美尔文明、波斯文明成形后的一千多年，也不比古印度文明和克里特文明早多少。但是，在所有的古文明中，至今唯一没有湮灭的，只有中华文明。

中华文明为什么有如此强劲的生命力？秋雨先生在一路上总结了八个方面的原因。后来，他又在继续考察的过程中不断修改，形成了举世瞩目的学术成果。这个学术成果弥足珍贵，因为完全来自独一无二的苦旅和苦思。国际上也频频邀请他就此发表演讲，这在后文"演讲的旋风"中还会专门介绍。

2000年1月1日上午，从尼泊尔返回。

秋雨先生在日记里这样写道：

我知道，喜马拉雅背后，就是我的父母之邦。今天，我终于活着回来了。现在只想对喜马拉雅山说一句话：对于你背后的中华文化，我在远离她的地方才读懂了她。

"在远离她的地方才读懂了她",这句话包含着深深的自责。就像一个不懂事的儿子有一天看着母亲疲惫的背影,突然产生了巨大的愧疚。

是的,我们一直偎依着她,吮吸着她,却又埋怨着她,轻视着她。她好不容易避过很多岔道走出了一条路,我们却常常指责她,为什么不走别的路。她好不容易在几千年的兵荒马乱中保住了一份家业,我们却在嘟囔,保住这些干什么。我们一会儿嫌她皱纹太多,一会儿嫌她脸色不好,一会儿嫌她缺少风度……

这次离开她走了几万公里,看遍了那些与她同龄的显赫文明留下的一个个破败的墓地,以及墓地边的一片片荒丘、一片片战壕,我终于吃惊,终于明白,终于懊恼。

我们生得太晚,没有在她最劳累的时候,为她捶捶背、揉揉腰。但毕竟还来得及,新世纪刚刚来临。今天,我总算及时赶到。

欧洲的对比

在考察人类各大古文明遗址过程中，对比出了中华文明的特殊生命力，这当然重要。但是，秋雨先生知道，中华文明也有大量缺陷和弊端，尤其是不受制约的极权体制总是以强盛的仪态掩饰了整体性愚黯，羁抑了文明的智能等级，不能不让人一次次惋叹。对此，应该以新的考察来做另一番对比。

这次考察，他选的是欧洲。深入探访了九十六座城市，把欧洲文明的重大穴位都触及了。

果然，经过一番对比更加明白，中华文化在很多地方，应该谦逊，甚至应该惭愧了。

秋雨先生的逐日对比，已经写在《行者无疆》这本书里，这里可以列举以下七项——

其　一

在意大利的文艺复兴之都佛罗伦萨，秋雨先生被一个家族的名称吸引了，这便是"美第奇"。细看全城的建筑、雕塑、绘画，才发现享誉世界的"文艺复兴三杰"——达·芬奇、拉斐尔、米开朗琪罗等一大批伟大的艺术家，都受到过这个家族的培养和支持。

秋雨先生认为，美第奇家族对文艺复兴的巨大贡献有三个方面的条件：一是巨额财力；二是行政权力；三是鉴赏能力。

中国的民间艺术家和文人艺术家，历来以蔑视权贵为荣，以出入豪门为耻；而与他们同时存在的宫廷艺术家，则比较彻底地成了应命的工具。这两个极端之间，几乎没有中间地带。我们似乎很难想象，当年佛罗伦萨的那些艺术大师，居然没有陷入这两个极端，借助财力和权力进行巅峰等级的创作，并没有成为文化侍从和艺术工具。

相比之下，在中国的每一个历史转型期，总是缺少这种前瞻性的贵族结构，因此也就看不到权力资源、财富资源和文化资源的良性集结。这中间，最关键的是文化资源。历史转型，常常以权力和经济开道，但要让这个转型真正具有足够的高度和重量，不可以没有一大批文化大师的参与。美第奇家族在这方面做得特别出色，他们对于一代艺术家的发掘，使新思想变得感性，使新时代变得美丽。

秋雨先生在佛罗伦萨想得更多的，是社会转型中的文化功能。中国的一次次社会转型都容易流于急功近利，强迫文化服从权力和财富，却不知道，此时此刻的成败关键，恰恰在于，是否能开创一种自主独立的新文化。

其 二

从伦敦西行三十余公里，来到了英国王室行宫温莎堡。有名的伊顿公学，也离此不远。

面对秋色中的温莎堡和伊顿公学，秋雨先生思考了两方面的问题。

一是关于贵族。

英国人崇尚贵族传统，贵族集团最早的成员多是军事首领和立功勇士。因此，崇尚正直、负责等品质，经由财富、荣誉的包装，变成了贵族集团的形象标榜。后来又泛化为绅士风度，中间夹杂着越来越多的傲慢和虚假。秋雨先生认为，这就是英伦文化背后的集体人格。其他民族可以模仿，却难以融入。

中国历史和英国历史千差万别，因此完全不必要去创造那样的贵族。中国文化的君子导向，比之英国的贵族架构，在人格品位上更内在、更高贵、更普世。中国很多人富裕起来之后很快陷入生态紊乱，就与虚假的"贵族幻想"有关。其实，这也是文化人格上的错位。

二是关于激进主义。

中国文化历来信奉中庸之道，但是近代以来，却受到激进主义的很大影响。诸如"不破不立""刺刀见红""穷追猛打""死路一条""无可救药"之类的提法，没有引起人们的警觉。事实上,这种激进主义严重自贬了文化人格,损伤了社会元气。

秋雨先生认为,英国文化有很多毛病,却在整体上不太激进,这是一个优点。中国应该从欧洲古典文明中汲取的,是一种精神平衡的原则。这种精神平衡原则主要有两点:一是传统文化与创新精神并行不悖;二是个人自由和互相尊重并行不悖。中国在走向现代的过程中,常常是在这两点上顾此失彼。

其　三

在法国里昂的一家博物馆,秋雨先生看到了一张图表。

这张图表,列出了里昂这座城市在19世纪的创造和发明。表上所列的每一项,都直接推动了全人类的现代化步伐,从纺织机械到电影技术,多达十几项。

这还仅仅是一座法国城市,以此类推,这样的创造性发明在整个法国该有多少?但是,等到19世纪结束,法国人居然都在沉痛地反思,与美国和德国的创造发明相比,法国远远落后了。

这张简单的图表触动了秋雨先生,他想,我们再也不要躺在遥远的"四大发明"上沾沾自喜了。

中国由于长期封闭,基本上没有参与现代文明的创造,但是，我们的宣讲者不能感受到此间的疼痛，还一味自我沉醉，使文化保守主义愈演愈烈。

有时候欧洲人也会产生一种狂妄，好像文明进步的步伐大多由他们承包。正是在这种情况下，站出来一位李约瑟先生，花费几十年的时间考订，用切实的材料提醒人们，不要忘记了神秘的中国。

但愿中国读者不要从他那里寻找单向安慰。须知就在他写下这部书的同时，英国仍在不断地创造第一：第一瓶青霉素，第一个电子管，第一部雷达，第一台电视机……即使在20世纪英国仍相继公布了第一例克隆羊和第一例试管婴儿的消息。英国学者在这样的创造浪潮中居然把中国古代的发明创造整理得比中国人自己还要完整，实在是一种气派。我们如果因此而沾沾自喜，反倒小气。

其 四

那天，秋雨先生来到了巴黎热闹的德弗罗朗咖啡馆，那里是著名哲学家萨特和爱人波伏娃常去的地方，他们经常在那里写作。

常在这里写作？这让秋雨先生有些疑惑：当时萨特已很有名，不少客人都认识他，会找他聊天，这怎么能够静心执笔呢？

正在疑惑，秋雨先生带领的几个摄影师也来了，为了萨特，架起了摄影机，打起了灯光。

令秋雨先生吃惊的是，咖啡馆里那么多客人，竟然没有一个人关注摄影机和灯光。

这些人各干各的，如处无人之境，神情自若，互不干扰。但他们并没有关闭视听功能，侍者过来给他们添咖啡，他们总是及时致谢。

这种情形，是敏感的中国人所不熟悉的。

秋雨先生想到，也许，人们对周际环境的过度敏感，是另一些更大敏感的缩影。而这些更大的敏感，则来自对个体自立的怀疑，对环境安全的低估。

眼前的这些人可以如此不关注别人的存在，恰恰是对别人存在状态的尊重。尊重别人正在从事的工作的正当性，因此不必警惕；尊重别人工作的不可干扰性，因此不能加以注意；尊重别人工作时必然会固守的文明底线，因此不做提防。

这种"以个体自立为基础的公共空间"，中国文化还相当陌生，往往是：有"公共"而失去"个体"，有"个体"而失去"自立"。

其　五

在冰岛辛格韦德利火山岩间，有一块巨大的石头，大家称它为"法律石"。

寒风中,秋雨先生在这块石头前沉思良久。这里是北欧海盗和后裔们自发地接受法律仲裁的地方。那些好汉花费了好几百年的时间,痛苦地改写了往昔的英雄情怀,放下成见和毒誓,去倾听法律的宣判,以及教堂的钟声。

为此,秋雨先生在冰岛的旅舍里写道:"在当时的冰岛,男人们的终极追求是荣誉,而荣誉的主要标志是复仇……在复仇的血泊边,也有一些智者开始构建另一种荣誉,这种荣誉属于理性与和平,属于克制和秩序,但一旦构建却处处与老式荣誉对立。好汉们就长期在这两个荣誉系统间挣扎。只要稍有不忍,就会回到老式荣誉一边,个人受到欢呼,天下再无宁日;而如果能忍,则有可能进入一个连他们自己也不清楚的新天地。"

这样的人物形象,在同时代的中国故事中找不到。相比之下,中国有些"好汉"心中的社会公平,大多是复仇式的,当然也是与法律对立的、冲撞的。因此,这块"法律石"也成了秋雨先生考察中国文化和欧洲文化异同的一个对比点。

其 六

在日内瓦的联合国欧洲总部,秋雨先生见到了两幅壁画，描绘的是两个最根本的题材：什么是一个国家的胜利，什么是一个国家的失败。

胜利的仪式上，年迈的老母亲对着一具具烈士的灵柩呆若木鸡；失败的俘虏中，复仇的烈火已从双眼燃烧到双拳。两幅壁画的作者是西班牙画家，这是艺术家用自己的语言在发言。真不知道那些争来争去的政治首脑，抬头看看壁画，会有些什么样的感想。

其 七

斯特拉斯堡，这是都德著名的短篇小说《最后一课》的取材地。这里现在设有一个欧盟的办事处。在在办事处大厅的中心位置，摆放着一位名叫路易·韦丝的女士雕像。她是一位为欧洲联合做出过起点性贡献的人物。当年，在她还是一个小女孩的时候，应该也读过都德的《最后一课》吧。但她的行动不再是去浴血奋战，而是用和平的脚步模糊国界。

一种民族文化，如果过度地夸张了自卫防范，就会把自己的精神天地大大削减，进入仇仇相报、虎视眈眈的永久轮回。

为此，秋雨先生在布鲁塞尔的旅馆写下这么一段颂扬康德的话：

康德终身静居乡里，思维却无比开阔。他相信人类理性，断定人类一定会克服反社会倾向实现社会性，克服对抗而走向和谐，最终建立世界意义的"普遍立法的公民社会"……我喜欢康德跨疆越界的大善，喜欢他隐藏在严密逻辑思维背后的远见。民族主义有局部的合理性，但欧洲的血火历程早已证明，对此张扬过度必是人类的祸殃，而人类共同的文明原则，一定是最终的方向。欧洲的文化良知，包括我所敬仰的歌德和雨果，也是这种立场。我很注意康德提出的"反社会倾向"这个概念。这个概念接近于我们现在所说的"反人类"，而康德所说的社会就是人类有次序的和谐组合。在他心目中，用人类的整体理性来克服反社会状态，远比费希特强调的民族精神和黑格尔强调的国家学说重要。

这就是秋雨先生在欧洲的"最后一课"。

——仅从以上随手撷取的七项，我们就可以看出，秋雨先生寻找中华文化在欧洲文化面前的差距，绝不是泛泛随感，而是切中了文明最关键的部位。就整体性和深刻性而言，这样的比较，前人都没有做到。虽然处于这么高的思维方位，但他在讲述这些差距的时候，态度诚恳，语句优美，一点没有惯常的"比较文学"和"反思文学"的架势。

记述欧洲之行的《行者无疆》一书，也像《文化苦旅》和《千年一叹》一样，在海内外再一次极度畅销。据报道，有一次，在一辆华人欧洲旅行团的大客车上，导游笑问三十几名游客，谁没有带《行者无疆》这本书？举手的，只有三人。

第七章

演讲的旋风

秋雨先生除了在著作和探险这两方面都达到举世罕见的高度,还有一项生命奇迹,那就是演讲。

大家都会承认,他是大作家中的第一口才,又是演讲家中的第一支笔。早在三十年前,新加坡电视台和中国中央电视台联合发起的"国际大专辩论赛",他始终是不可替换的现场首席总评审。很多年后他离开了,"国际大专辩论赛"也就终结了。

中央电视台有一个收视率超高的青年歌手选拔节目,那一年突发奇想,请秋雨先生出场做文化讲评,目的是借着超高的收视率来提高全国观众的人文素养。没想到秋雨先生一开口就引起广泛轰动,很快,专为听秋雨先生讲评的观众,占了观众总数的百分之八十二。后来,中央台台长亲自写信给秋雨先生,说这个节目是否办下去,取决于秋雨先生是否继续参与。秋雨先生回信说:抱歉,那就不办了吧。

中国台湾的"天下文化事业群"每年会在岛内评出一个五星级城市，获评后的重要待遇就是请秋雨先生到该市做一场演讲。演讲当天，全市大街小巷挂满他的巨幅肖像，演讲现场总是人潮拥塞。

秋雨先生的演讲，有一种神秘的魔力。在多数情况下，每场听讲者控制在两千人左右，大厅外面又站着大量观看视频的人。每场演讲一般是三个半小时，台上不设讲台，他站着讲，不喝水，不清嗓，不破句，不重复，只是用充满磁性的嗓音讲得平静而亲切，让现场每个人都觉得在与自己谈心。

在全部讲述中他完全清除了高亢而响亮的空话，也找不到任何排比和抒情，力求平实和质朴，不多一句，也不少一句。整个过程，全场听众没有一个人会走神。

耶鲁大学的孙康宜教授听完后说："这才是演讲中的经典。"

诗人余光中先生听后说："今天才让大家懂得了一个古代成语，什么叫锦心绣口。"

尽管秋雨先生接受演讲邀请的条件非常严格，但几十年来讲过的城市和次数已经不胜枚举。由于每次演讲的听众来自不同的人群，因此秋雨先生的演讲题目往往比写作题目更宽阔、更普遍。尤其是他在国际上影响最大的那几次演讲，题目更是穿越古今、俯瞰世界，成了一系列复杂的难题的大总结。

本章将简单介绍他的几次重要演讲，以便让大量无缘抵达现场的读者稍稍领略他在讲台上的宏观思维。

《中华文化为何长寿》

2013年10月18日,秋雨先生应邀在美国纽约的联合国总部大厦发表演讲,题目是《中华文化为何长寿》。演讲中,他根据环球考察中的对比性感受,结合博通古今中外的史学修养,系统地阐述了中华文化长寿的八大原因。

阐述得如此简明又如此完整,在中外学术界还是第一次。因此,演讲一结束,立即被联合国网站列为"国际第一要闻"。

秋雨先生认为,历来国际上有不少人贬斥中华文化,我们不必与他们直接顶嘴,可以找几点共识来展开话题,逐渐把那些贬斥消解。

中华文化被人人承认的共识之一,就是她的长寿,这连那些贬斥者也不能否认。好,那就从这个共识破题,我们来分析长寿的原因。

一分析,中华文化的特殊生命力就呈现出来了,而在生命力后面,又蕴藏着一系列更深刻的原因。如果能对这些原因逐一解析,那么,中华文化的真实形象也就显现出来了。

秋雨先生的这次演讲,宏观上就运用了这个高明的文化策略。

秋雨先生说，中华文化长寿的第一个原因，是**大山大川，人山人海**。

一种文化所占据的地理体量，从最原始的意义上决定着这种文化的能量。中华文化的体量足够庞大，比同时存世的其他古文化总和，都要大很多。

在宏伟的体量中，各种人群流转、冲撞、互融，构成生生不息的运动状态，蕴藏着可观的集体能量。正是这庞大的地域能量和人群体量，使中华文化有了长寿的可能。

第二个原因是**从未远征，自守自安**。

地域体量、人群体量，本来极有可能转化为睥睨世界的侵略能量，但是，中华文化没有做这种选择。中华文化属于农耕文明，必须聚族而居，固守热土。这种由文明类型积淀而成的"厚土"意识，成为中华文化的基本素质。中国人大多不情愿长离故国，千里远征。中国航海家郑和，先于哥伦布等西方航海家到达世界上那么多地方，就从来没有产生过一丝一毫占取当地土地的念头。这就雄辩地证明，中华文化没有外侵和远征的基因。

不外侵，不远征，也就避免了别人的毁灭性报复。文明的中断常常与跨国远征有关，中华文化基本上避免了这种危险。

第三个原因是**统裂之间，以统为大**。

一个庞大文明实体的坠落，不会是刹那间的尘飞烟灭，而总是以逐渐分裂开始，直至土崩瓦解。而且，恰恰是大体量最容易分裂。大体量所产生的大能量往往无法构成合力，还经常会成为互相毁损的暴力。中国历史上也出现过不少分裂时期，但总会有一股强劲的力量，把江山拉回统一的版图。中华文化的长寿，也与此有关。

早在孟子、墨子、申不害那里，就一再出现过"一同天下""大一统"的观念，而从秦始皇、韩非子、李斯这些统治者开始，已经订立种种规范，把统一当作一种难以改变的政治生态和文化生态。其中最重要的规范之一，就是统一文字。

在随后的几千年里，中国出现了不少着力于统一，或着力于分裂的人，两方面都有很多聪明、能干的政治家和军事家。但是相比之下，那些着力于统一的人往往更有远见。他们握大脉，控大局，是统裂之间的"大者"。由于他们，中国一次次由分裂走向统一；也由于他们，多数中国人在文化上养成了大国国民的心理适应。

第四个原因是**家国同构，恪守秩序**。

没有秩序的统一，只能是"一盘散沙"。对此，中国古人有先见之明。从最遥远的古代，当巴比伦人在研究天文学和数学的时候，当古埃及人在墓道里刻画生死图景的时候，当古印度人在山间洞窟苦修的时候，中国人却花费极大精力在设定维系秩序的礼仪。孔子奔波大半辈子，主要目的也是想恢复周礼，重建秩序。

中国的儒家认为，要建立天下的秩序，应该让一般民众先从小处获得体验。小处的体验就是对家庭的体验，儒家确信，家庭的有序图像，是天下有序图像的起点，这就是"家国同构"。

家庭秩序由血缘、辈分、长幼、排行、婚嫁逐一设定，非常清晰。那么，也就有可能把家庭秩序放大、外移、扩散，成为社会秩序和国家秩序。家庭秩序因血缘而坚韧，因此，与它产生"同构"的种种大秩序也就随之坚韧，延续长久。

但是，像黄宗羲这样的古代思考者也早就指出，家与国是两回事，试图建立"家天下"的君王是天下大害。人们不能借家庭伦理，放弃对统治结构的严密监审。

第五个原因是**简易思维，精瘦得寿**。

其实，文化就像一个人，过多的营养、过厚的脂肪、过胖的肚腩，都不利于长寿。长寿的中华文化，从来不愿用自己的肩膀去撑起那些特别复杂的学理重担。她一直保持着精瘦、乐呵呵的行者形象。

为什么能够精瘦？因为中华文化一上来就抓住了命脉，随之也就知道什么东西可以省俭，什么东西可以舍弃了。中华文化的命脉就是"人文"。《周易》说"观乎人文以化成天下"。因此，对鬼神传说，敬而远之；对万物珍奇，疏而避之；对高论玄谈，笑而过之。这与其他文明相比，不知省下了多少卷帙和口舌。

只要看一看中华文化的最高经典《老子》《论语》，那一段段短小的语录，如天颁誓言，不容啰唆，就会知道什么是精简了。

大道至易至简，小道至密至繁，邪道至玄至晦。中华文化善择大道，故而得寿。

当然，就像分析前面几个长寿原因一样，一切正面效应都还包含着负面的隐患。中华文化的简易思维也是一样，虽然摆脱了不必要的思维重压，却也造成了不少知识分子的浅薄、浮躁、应时、投机。结果，中华文化虽然长寿却不太健康。

第六个原因是**以德为帜，因仁而寿**。

中华文化始终崇德，但崇德只关乎文化的内容和品质，怎么会与长寿有关？

在中国古代，孔子、孟子等人所提倡的德是"与人为善""成人之美""四海之内皆兄弟"。墨子把"兼爱""非攻""尚贤""尚同"也归于德。这些仁德的标准，只需提起，就能让天下华人眼睛一亮，心生温暖，活得更好。中华文化也像人一样，"仁者寿"，由于崇德而长寿。

当代有人分析，中华文化是一种"德性文化"，西方文化是一种"智性文化"。早在诸子百家时代，中国古人已经触及德、智之间的艰难选择。智性文化在古希腊和近代欧洲发展成了科学思维，对人类进步做出了重大贡献，也折射出了中华文化的弱点。但是，文化的先进性和恒久性，并不是一回事，文化的实用性和感召性也不是一件事。智性文化的结果是实用，德性文化的结果是景仰。景仰是一个长久的延续过程，中华文化的寿命也随之延续了。

遗憾的是，历代中国的官员和文人，虽然好话讲了不少，却很少在提升社会道德方面建立切实有效的机制。这种空洞化状况，给后代留下了很大的努力空间。

第七个原因是避开极端，离开悬崖。

中庸，是中华文化几千年来的精神主轴和行动主轴。中国的历史那么长，遭遇的灾祸那么多，在很多时候似乎走不过去了，就像世界上其他伟大文明终于倒地不起一样。但是，中国却一次次走通了，主要是中庸发挥了重要作用。

中庸为何能避祸、避亡？原因是，它在关键时刻躲开了最容易出现的各种极端主义。

中华文化在整体上拒绝极端主义。即使是那些很容易陷入极端主义的外来宗教，一与中华文化接触，也减去了杀伐之气，增添了圆融风范。

能这样，说到底，还是与农耕文明相关。农耕靠天吃饭，服从四季循环，深知世上没有真正的极端。冬天冷到极端，春色渐开；夏天热到极端，秋风又起。这种"天人合一"的广泛体验，由《周易》提升，儒家总结，也就成为文化共识。《礼记》更是明确做出了"君子中庸，小人反中庸"的经典宣判，由此建立了中华文化的基本准则。

中庸之道并不是任何时候都是万能无虞的，不应该用它来阻碍创新和突破。但是，即使在创新和突破中，它也能提示人们选择可行和安全。

处于当代，世界上极端主义越演越烈，不少声称反对极端主义的政客采用的往往是另一种极端主义即单边主义。结果总是极端对极端，各自在悬崖边上摆弄姿态。在这种情况下，中华文化的中庸风范，应该进一步被唤醒。

第八个原因是**科举制度，千年缆索**。

以上种种长寿的原因，都很重要，但在实际执行中，还必须落实在一个具体项目的操作上。这个项目，就是实行一千多年的科举制度。科举制度对于中华文化的延续，有以下六个方面的积极意义：

第一，其他重要文化的溃灭，首先溃灭于社会乱局。科举制度在千余年间源源不断地选拔了足够的社会管理人才，保全了文明的生命基础。

第二，科举制度以统一的标准、统一的机构在全国完成统一的选拔，以文化的方式，堵塞了分裂的可能。

第三，科举制度每隔三年选拔的社会管理者，实际上也是文化继承者，这使中华文化保持有序延续、有效延续。

第四，在中国，不分地域，不分门庭，不分职业，不分贫富，只要是男性，都有资格参加选拔。这种以文化考试为标准的全民动员，极大地强化了中华文化在全社会的号召力。

第五，科举制度让全国青年男子中的很大部分，都成为极为用功的备考人员，这就大幅度地提高了社会安全系数，减少了社会自残的概率。

第六，作为官员选拔的主要途径，科举考试中必然会有作弊、造假等现象，但都会付出生命的代价。这就极大地提升了文化对于官场伦理的奠基性价值，官场易逝，文化长寿。

以上六个方面已经足以说明，科举制度以全面、有效、长效的保护功能，成了中华文化长寿的归结之因。

秋雨先生在演讲中所论述的这八大原因，以系统的学术气势，把全场震撼了。虽然包括了地理学、人种学、历史学、管理学和人文科学的很多方面，却完全没有强加于人的理论霸势，每一点都说在要害部位，但几乎人人都能听懂。这显然是一个重大学术成果。

在此之前，很多大学者也曾涉及其中一条、两条，却都构不成系统。在此之后，我听过海内外不少学者对同一课题的各种演讲，大多是改头换面地沿袭了秋雨先生的思想成果。

那天来听秋雨先生演讲的人员很多，不仅偌大的演讲大厅坐满了人，而且四周和中间的过道上都站满了人。这远远超出了举办方的预计，因为这个大厅里召开有各国政要参加的重要会议，也常常有一半以上的空位。

中华文化的长寿原因，每一条都积淀成了中华民族的集体人格。这种积淀，又反过来加固了长寿原因，互为因果。因此，秋雨先生那天的演讲，其实也就是在论述中国人，这让在场的中国人都非常感动。

《中华文化的非侵略本性》

其实，在联合国总部大厦演讲中华文明长寿原因之前八年，秋雨先生已经在日本召开的联合国"世界文明大会"上，演讲过中华文化的非侵略本性，这个演讲产生了巨大影响。

2005年7月21日至22日，秋雨先生赴日本东京，应邀出席由联合国和国际交流基金会主办的"2005年世界文明大会"。

印度籍诺贝尔物理学奖获得者、哈佛大学教授阿玛亚·申恩担任大会的执行主席。应邀参加会议的主要发言者全属世界一流，其中有赞比亚首任总统卡翁达、伊朗总统顾问阿里·阿卜塔希、法英西特基金会总裁基斯卡、巴基斯坦奥古兹大学校长努赛柏、德国歌德学院院长林贝克、孟加拉政策研究中心主席吕曼·梭汉、在反恐斗争中立下大功的俄罗斯儿童外科医生罗曼尔，以及美国、日本和韩国的教授、学者。

中国被邀请的，就是秋雨先生，大会要求他做主旨演讲。

21日下午，秋雨先生在大会上发表了演讲，当时用的题目是《利玛窦的答案》。他说，去年冬天自己在北京参加了联合国《2004年人类发展报告》的讨论，各国代表都确认面对全球化时代，各种文化应该"超越差异"。今天要讲的是，仅仅认识到"差异"还不够，而应该在"差异"之间互相深入，真切了解，这才能消除隔阂和误会。

秋雨先生向各国代表介绍了四百年前的意大利传教士利玛窦，如何通过长期的努力，深入体验中华文明的往事。

当时的中国正处于明代，国力还很强大，军队装备精良，引起了欧洲一些传教士、旅行家、学者、商人的疑虑，认为这样强大的国家一定有侵略和扩张的意图。

利玛窦带着这些问题，进行了三十多年的考察和研究，学通了中文，精读中华经典，遍访博学多识之士，也经历了无数的艰难和危险，终于在生命的最后年月写下了《中国札记》，提供了很多答案。

中国是否有侵略扩张的计划？利玛窦回答：从中国皇帝到平民都没有这个企图。他认为中国以农耕立国，满足于自我的一切，连军队也是为了集体的安全和炫耀。因此，中国虽然有大量内耗，却不会对外侵略。

秋雨先生说，自己曾经顺着利玛窦的结论遍查了世界各国文献，发现在古罗马、西班牙、日本等不少国家的历史文献中，都有"征服世界"的构想。但在中国浩如烟海的典籍中，却没有丝毫这样的记载。一个民族的漫长历史必然会构成厚重的心理积淀，因此，现在世界上的所谓"中国威胁论"，很可能是利玛窦早已否定过的一种"国际幻觉"。

秋雨先生说，中华文明最近几百年的主要毛病，是保守，是封闭，是对自己拥有的疆土风物的过度得意，结果，遭受列强的欺侮时十分惊讶，不知所措。

中国从明代开始就具备了制海能力，郑和远航就是确证，但是又主动地放弃了这种能力。中国如果考虑边疆防守，主要也只是关注游牧文明，因此目光多在西北方向，而不在意"东南海疆万余里"的复杂形势和千年变局。结果，吞噬中国的阴谋都从海上涌来，甚至如当时中国一位高官感叹的——"一国生事，诸国构煽"，责任反倒落在中国头上，善良的中国实在是太委屈了。

秋雨先生很希望国际同行像利玛窦一样，真实、深入地研究中华文化，然后做出合理的判断，而不应该随着某些政客，想当然地来评述一个历史最长、人口最多的文明。现在看到的某些书籍，把中华文明的优点和缺点恰恰颠倒了，在学术上非常可笑。

秋雨先生在主旨演讲中，对一位日本学者在会上发表的错误观点进行了当场批驳，并对这位学者如此不了解中国人的集体心理深感惊讶。

秋雨先生说："难道唐代的船帆，近代的战火，现代的血泊，还不能让你比利玛窦更感知中华文明？我的同胞，他们所要的，不是报复，不是雪恨，不是扩张，不是占领，而只是历史的公道，今天的理性，未来的和平。"

秋雨先生谈到，今年是美国向日本投掷原子弹并结束太平洋战争六十周年。五年前他曾经应邀到广岛，参加8月6日举行的和平大会。会上，有原子弹的受害者代表、投掷者代表发言，一个是日本人，一个是美国人，都上了年纪。他是第三方发言者，代表的是被日本侵略国的民众。

秋雨先生说，自己是第二次世界大战之后出生的，从懂事开始，就知道侵略和被侵略，就知道家国深仇。但在少年时代，整个中国却被一种仁慈的声音所裹卷，那就是"中日人民要世世代代友好下去"。就连那些死了很多人的家庭，也都艰难地接受这个口号。世界历史上，从来没有发现另一个地方、另一地国民，能够如此高尚地呼唤和平。带着巨大的伤痛，带着恐怖的记忆，却全然放下，只要和平。在这种情况下，怎么可以再去触动远年的伤疤，还把"威胁"责任推给他们？

秋雨先生建议这位日本学者学习利玛窦，更加深入地研究一下中华文明所沉淀的集体心理。

这种集体心理，也可称为"集体无意识"，已成为一种心理本能。中华文明在几千年间形成的精神惯性，把和平、非攻、拒绝远征等原则，变成不可动摇的"文化契约"，根植于千家万户。几乎任何一个中国人，都不会对远方的土地产生不正常的兴趣。

秋雨先生的演讲，受到了大会主席申恩教授、俄罗斯的罗曼尔医生和各国与会代表以及许多日本朋友的高度赞扬。他们一致认为："这是本次大会最值得注意的主旨演讲。"

《驳文明冲突论》

2010年5月21日,时任联合国教科文组织总干事的博科娃女士,亲自来到上海世博会的"联合国馆",发布了一份有关文化的世界报告。自从联合国教科文组织1945年11月成立以来,发布以文化为主题的世界报告还是第一次。

发布会采取博科娃女士与秋雨先生对话的方式进行。博科娃女士首先介绍了这份世界报告的基本思路,秋雨先生则对报告做了解读和阐释,并发表了自己的意见和建议。

秋雨先生认为,当今世界文化发展遇到了一个理论陷阱,那是以亨廷顿先生为代表的"文明冲突论"。

这个理论被当代世界夸张、误读,结果为各种冲突找到了理论的依据。这个理论使文明与文明之间的对话关系变成了对峙关系,互敬关系变成了互警关系,互访关系变成互防关系,从根本上背离了文明的"多样性"原则。

秋雨先生在阐释世界报告时,从学术上指出了亨廷顿理论的"三大错误假设"。

"文明冲突论"立足的第一个假设,是粗糙地设想人们在文化归属上,只能是单一的。事实上,全部世界史证明,这种归属是多重的、多样的，互相依赖的。

"文明冲突论"立足的第二个假设，是武断地设想不同文明之间的边界是一条封闭式的断裂线。事实上，所有这样的边界都是多孔的、互渗的、松软的。

"文明冲突论"立足的第三个假设，是鲁莽地设想每种文明的传承都是保守的、复古的。事实上，世界上的多数文明都在忙着开放、改革、广采博纳、吐故纳新。

以上三个"错误假设"，是"文明冲突论"所隐藏的三个理论支柱。如果人们明白了各种文明之间在归属上的叠加性，在边界上的模糊性，在内容上的变动性，那么信奉"文明冲突论"的人就会大大减少。

秋雨先生在演讲中说，自己在环球考察中发现，当今世界冲突最严重的中东、北非、中亚、南亚地区，所有的恶性冲突都发生在文明和野蛮之间，而不是发生在文明和文明之间。也就是说，不是"文明的冲突"。因此，当今世界应该划出的第一界限，是文明和野蛮的根本区别。

什么是当代野蛮呢？秋雨先生列出了七项，那就是：恐怖主义、核竞赛、环境破坏、制毒贩毒、极端霸权、极端民粹，以及面对自然灾难和传染病的无所作为。

秋雨先生在演讲中说，"文明"之所以称为"文明"，相互之间一定有共同的前提、共同的默契、共同的底线、共同的防范、共同的灾难、共同的敌人。这么多"共同"，是人类存活至今的基本保证。如果有谁热衷于以"冲突"的名号在文明族群之间的挑唆，那就势必会淡化乃至放弃这么多"共同"，最后只能导致全人类的生存危机。我们希望的，是在这么多的"共同"之下，文化差异被保护、被欣赏，并由此产生文化的多样性。

秋雨先生以自己为例，对文明之间的"差异共存"加以说明。他说："不错，我是中华文化的阐释者，但是，我完成这些思考的基础逻辑，是欧几里得几何学给予我的，我文化思维的美学基础，是黑格尔、康德给予我的，我的现代意识，是荣格、爱因斯坦、萨特给予我的。我从来没有觉得，这些来自欧洲的精神资源，曾与我心中的老子、孔子、屈原、司马迁产生剧烈冲突。既然一个小小的心灵都能融会那么多不同的文明成果而毫无怨隙，那么大大的世界又会如何呢？"

秋雨先生接着说，21世纪随着传媒技术和互联网系统的突飞猛进，那种以"文化"的名义造成恶果的可能性，比过去任何时代都大大增加。亨廷顿先生表现出来的问题，是很多西方学者的习惯性思维。出于西方本体论的惯性，"文明冲突论"在论述其他文明时只停留在外部扫描，而没有体察它们的各自立场。因此，"文明冲突论"实际上就是西方本位论面对新世界的一种新表述。

据我所知，亨廷顿的"文明冲突论"问世之后，一时风靡全球，虽然也遇到过不同意见，却不系统、不深刻，难成气候。秋雨先生的这次演讲，肯定是国际上特别全面和有力的一次反驳。这件事由中国学者来完成，非常重要，也彰显了中华文化从不刻意制造"冲突"的本性。

《第四座桥》

追根溯源，秋雨先生最早产生国际影响的演讲，是在新加坡发表的。1996年6月，新加坡《联合早报》举办"跨世纪文化对话"，邀请了国际华文领域的四位文化名人，首席是秋雨先生，然后是威斯康星大学的高希均教授，哈佛大学的杜维明教授，以及新加坡大艺术家陈瑞献先生。

由于会议题目的重要性，以及四位受邀者的影响力，听众从世界各地拥入新加坡。这次"对话"，成了国际文化一大盛事。

秋雨先生这次演讲的题目是《第四座桥》。

他说："千百年来，中华文化通向外部世界，已经有两座老桥，那就是经典学理之桥、生态器物之桥。还有一座半新不旧的桥，那就是信息传播之桥。必须搭建而尚未认真搭建的，是集体人格之桥。我将这座桥，称为'第四座桥'。"

第一座桥：经典学理之桥。这座桥虽然搭建了，却没有形成真正的"文化对话"。中国古代的经典学理，虽被传教士们翻译了，却成为一种凝冻久远的存在，既没有成为对话主角,也没有成为对话的常客。因此,经典学理之桥,是一座长久没有通行的老桥。

第二座桥:生态器物之桥。这座桥倒是一直保持着畅通。中国的丝绸、陶瓷、茶叶,通过贸易渠道,被西方世界广泛接受。后来,这座桥上又出现了不少民间和宫廷的工艺品,体现了中华文化的某种审美风貌。漂泊到美国去的第一代、第二代华工,带去了福建、广东一带的民俗节庆娱乐活动,如舞龙、舞狮、花灯等,还有功夫和中餐,构成了西方人心目中的中华文化通俗版。

但是,即使是生态文化,如果希望能够有等级、有尊严地展示出来,也应该经由种种物化形态直指精神状态,经由大量生态美学通达生命哲学。毫无疑问,前面说的这些生态文化,大多达不到这个要求。因此,也没有构成平等的文化对话。

第三座桥:信息传播之桥。首先为中华文化搭建这座桥的,是意大利旅行家马可·波罗。他对中国的描述,影响大、冲击深、传播广,因此,他因中国而闻名于历史,中国也因他而闻名于西方。之后,有关中华文化的信息传播,从规模、速度到技术手段都发生了巨大的变化。但是老毛病还是存在,那就是主要流连于外部表象,很少触及深刻内涵。西方世界看中国,大多因外部表象而偏重于负面;中国自己为了对抗这种负面,则常常自负自傲,也在做夸张的外部文章。这两种倾向,都没有涉及中华文化的内在本性。

近二十年来,世界各地通过信息传媒的渠道,了解中国的种种情状已经越来越方便,但是,中华文化的精神价值、审美情怀究竟传播出去了多少?因此,不能不呼唤第四座桥了。

第四座桥:人格形象之桥。如前所述,中华文化在通向外部的时候,有的太抽象,有的太物化,有的太浮面,有的太夸张,显然缺了一种足以感动一切人的"具象精神结构"。这种"具象精神结构",就是人格形象。

秋雨先生说,人类一切文明的最后成果,都是人格形象。因此,传播中华文化也就是传播中国人的人格形象。按照这个思路,要想让外人认识和接受中华文化,也就是要让他们认识和接受中国人。

演讲到这里,秋雨先生进入了他的论述中心。他说,最动人、最有感染力的人格形象,一定存在于文学艺术之中。这中间,包括被文学艺术刻画的人格形象,也包括文学艺术家本身，例如莎士比亚、歌德、贝多芬、凡·高及他们笔下的形象。相比之下，中华文化在近代以来已经大大落后了。以文学艺术来向外部世界传播中华民族的人格形象之桥，基本上还没有真正搭建起来。

他企盼，随着改革开放的延续，随着中国人对世界的融入，希望不必很久，中华文化在与世界文化的结合上，就会出现零星而且重要的亮点。它们是中华民族的人格形象在新时代的有力呈现。开始可能有点寂寞，却为"第四座桥"打下了一个个桥桩。

今天的中华文化创造者，应该从世界的高度来回眸中国，不断唤醒生命底层的天性良知，并由此塑造出一批连远方的陌生人都能由衷接受的艺术形象。到了这个程度，"第四座桥"也就会在他们的生命中贯通。

《第四座桥》演讲的重大意义，在于时间。那是在二十六年之前，中国的改革开放还处于探索阶段，秋雨先生已经先于历史，早早地划出了中华文化向外传播的四个等级，并且论述了最高等级的重要和艰难，呼吁要在世界范围内唤醒中华文化的核心部位即人格形象，实在是难能可贵。

环岛演讲

《到绿光咖啡屋听巴赫读余秋雨》，是台湾尔雅出版社出版的一部图书。书中介绍，秋雨先生的散文在台湾地区已经深入人心，成为一种流行的时尚。

早在三十年前，海峡两岸还处于严峻的对峙状态，著名作家白先勇先生却来到了大陆。他来，不是为了寻亲，不是为了纪念，也不是为了投资，只是为了文化。他的小说《游园惊梦》在大陆排演，由俞振飞先生担任昆曲顾问，秋雨先生担任文学顾问，此后，他与秋雨先生开始深入交往。

白先生读到了秋雨先生写昆曲的一篇文章，这篇文章从世界戏剧学的高度，根据昆曲曾被两个世纪痴迷的事实，论述它是一个世界级的戏剧范型。白先生对这个观点极为赞赏，推荐秋雨先生到台湾地区演讲。

这是大陆著名学者"第一次"到台湾地区演讲，既十分轰动又防范甚严，连报社采访都困难重重。一天晚上，听说《中国时报》派了一位谁也不敢拒绝的重要记者来采访。进门一看，这位记者不是别人，正是白先勇先生。

那个晚上，白先生像报社记者一样，认真询问了秋雨先生很多关于昆曲的问题，丝毫没有显出自己既是文学大家又是昆曲大家的神情。第二天，报纸上刊登了白先生采访秋雨先生的文章，身份竟然是"特约记者"，这令秋雨先生十分感动。

那次在台湾地区，除了白先勇先生安排的那场演讲《两个世纪的痴迷》，还加了两场，那就是《寻找东方美学》和《闯入傩的世界》。听讲者都是第一次听到大陆学者的学术演讲，密密麻麻的人群间充满了好奇和惊叹。那时《文化苦旅》还没有在那里出版，因此他留给台湾地区听众的第一印象，是一个国际等级的美学研究者。

1996年冬到1997年春，秋雨先生在台湾地区各大城市展开了巡回演讲。那时《文化苦旅》已经在台湾地区出版，很多人都想一睹文学偶像的言语风采，因此邀请函多得数不胜数。秋雨先生也就在多个城市发表了《阅读建议》《写作感受》《寻找文化现场》《三次穿越》《无伤害原则》《何处大宁静》《转型期的文化态度》等多场演讲。

1999年，秋雨先生本想到台湾地区的中南部做一次纯粹的休假，有关方面知道后一再劝说，也就安排了两场演讲，那就是《十七世纪中叶到十九世纪中国文化思潮》和《"五四"以来的中国文化人格》。

看到听众超常的热情，几个重要的文化机构与秋雨先生商量，能不能再增加三场演讲。一场是公开演讲，由《中国时报》"人间"副刊及历史博物馆联合举办，地点设在能够容纳千余人的台北市政府大礼堂。另两场演讲由洪建全基金会以及历史博物馆合作举办，题目分别是《旅行与文学》《写作者的十字架》。

不料，这一系列演讲在台湾岛上掀起了一股"余秋雨旋风"。不仅场场爆满，而且常常是连讲台的周边、过道上都挤满了听众。

由此，秋雨先生的演讲一发不可收，一场又一场地增加。从师大到台大，从台北、台中、台东、台南又转到新竹的清华大学、高雄的中山大学，几乎围着台湾地区绕了一大圈。此间还到了高雄的佛光山和花莲的慈济精舍，在演讲之前分别拜见了星云大师和证严法师。之后，又应邀前往"中央研究院"和"台积电"，做系统的学术演讲。一路走来，尽管一推再推，演讲还是做了二十几场。

秋雨先生的演讲，成了口口相传的文化盛事，在台湾岛内产生了巨大的影响，引起了各界人士的高度重视。台湾地区的报刊，也报道得特别频繁，这给本书的写作带来很大的便利。

2005年在台湾地区举行《出走的生命》演讲时，由时任台北市市长的马英九先生亲自主持。

马英九先生在主持时称秋雨先生为"人杰",对《文化苦旅》和《山居笔记》赞不绝口,希望这位大师级的文学家在演讲中把丰富的生命经验与大家分享。

秋雨先生在台中的演讲,在一座可以容纳数千人的大礼堂举行,由时任台中市市长的胡志强先生亲自主持。

胡志强先生本身是一位杰出的演讲专家,他一上讲台就说,这次演讲能够举行,得益于经济学家高希均教授的大力帮助。他开玩笑地说:"为了能邀请秋雨先生来台中市演讲,差点扭断了高教授的手臂。高教授说秋雨先生很忙,不一定能来台中。我威胁他说,如果余教授真的不来,以后你就不能到台中来了,我不会给你签证。最后终于成功了,而且今天来听讲的人这么多。我走到这个礼堂门口时,心里非常高兴,就是维也纳交响乐团来,也没有看到这么多人来参加。"

秋雨先生演讲开始后,先顺着胡志强先生的愉快主持词说了一段答谢语。他说,为了听一个文人的讲座,这么大的礼堂居然还挤不下,外面还有很多朋友进不来。这个现象,并不证明我的重要,而是证明台中市的重要。广大市民对一个不知道讲得好不好的演讲表现出这么大的热情,光荣在市民。就像古代希腊那些城邦看到奥林匹克长跑选手过来时停止一切战争，全城相聚迎送。初一看光荣在那些选手，其实，更在那些城邦。选手的成绩还不知道，但城邦的成绩一眼就看出来了。

秋雨先生的演讲不负众望，十分精彩，赢得了全场如雷般的掌声。

秋雨先生在台湾历史博物馆的演讲，情景更是感人。听众从四面八方拥来，演讲厅里很快人满为患，有听众因为拥挤而晕倒，大量听众入不了场。举办方只好将听众请到一个更大的场地。但是一搬动，电路受阻，连电灯都熄了。所有的观众竟然在黑暗中忍受着拥挤，苦等了整整半个小时，没有一个人退场。一直到工作人员修好转播线，秋雨先生的声音才重新响起。

台湾天地出版社专门编辑出版了一本《倾听秋雨》，记载秋雨先生台湾演讲的盛况。此外，还见过尔雅出版社出过一本《余秋雨台湾演讲录》。据说，都很畅销。

第八章

五项澄清

诽谤浪潮的源头

笔者在写这部书的时候，一直提心吊胆，不敢碰触这一章要涉及的内容。因为这些内容不仅对秋雨先生，而且对中华文化，都让人扼腕长叹。

如前所述，秋雨先生所创造的成就，在整个华文世界形成了惊人的向心力。笔者多年来曾一再作为文化大省的代表，率团参访很多国家，发现华文世界早已把秋雨先生的名字作为一种通行的文化标志，而且从各地的一流专家到普通读者都认，不存在界别和代沟。当时我就乐观地设想，如果能让这个文化标志长久地巍然屹立，中华文化的美誉度在海内外就有了一个公认而又稳定的基点。

但是，谁也没有想到，就像远近皆知的名胜之地突然遭遇飓风，秋雨先生受到了一场铺天盖地的诽谤。

杨长勋教授撰文说:"这几年国内传媒诽谤秋雨先生的文章已发表了一千八百多篇,这肯定不全。如果乘上每份报刊的发行量,那么他肯定创造了一个独立知识分子遭受诽谤的历史纪录,而且,是世界纪录。"(见《守护余秋雨》)

这么多诽谤文章写什么呢?笔者查到了几十篇,发现每篇都没有实际内容,只有谩骂。谩骂的口气完全像是恶棍。例如,用大字标题赫然印着"要剥余秋雨的皮""要吸他的骨髓",等等。

这样的句子,居然白纸黑字出现在正规的报刊上,实在让人难以相信。这也足以证明,二十年前,国内还有那么多传媒和文人,完全蔑视法律,蔑视真实,蔑视文明,蔑视人伦底线,只想把过去"阶级斗争"中沉迷的戾气再度集中倾泻,只想把他们最嫉妒的文化大师打倒、毁灭。光凭这一点,我们也不能不承认,近年来对社会上那种黑恶势力的打击是多么迫切。

造成这样的诽谤阵势,除了中国文化界大批天然的嫉妒者、起哄者、落井下石者,还必然有一些持久的发动者,那么,他们是谁?

对此,人们有过几方面的推测,但是,每一种推测都有疑点。

第一种推测，他们也许是上海各大学被秋雨先生否决教授申请的人。秋雨先生在领导全市教授评审时很严格，每次被否定的比例在百分之五十左右，因此埋下了莫名之恨。这些人中的一部分确实也参与了诽谤，但这种推测的疑点是，他们的职称问题早已解决，不大可能一再地聚而成势。

第二种推测，他们也许是盗版集团的成员。秋雨先生是被盗版侵害最多的作家之一，他又成了"北京反盗版联盟"的唯一个人会员，而且几次发表反盗版声明。于是，盗版集团试图毁坏他的名誉，以名誉案来掩盖盗版案。他们确实这么做了，而且凭着财大气粗，资助诽谤。但疑点是，在网络文化新潮中，老式盗版已经失势，似乎很难把诽谤持续那么久。

第三种推测，他们也许是秋雨先生的竞争者。这虽然也有可能，但秋雨先生在辞职后连作协、文联这样的团体也不参加，更不必说什么代表、委员了，哪有什么可竞争的呢？至于在学术文化上，他从方向到方法都完全不与别人重叠，更难找到竞争的空间。

因此，以上所推测的三种人，好像都不是"动力源"。

终于，秋雨先生对这种"动力源"有了自己的判断。

在此，我想抄录秋雨先生在《文化苦旅·三十年序》

中的几段话，可以看成指向。他说，问题的关键还在于《文化苦旅》这本书——

写作《丑陋的中国人》一书的柏杨先生在台北见到了我，一见面他就说："两个字，羡慕。羡慕你以大规模的文化遗迹考察，重新定义了中国人。"

"重新定义了中国人"，这件事当然远远超出了文化界，影响了很多意想不到的重要人物。例如，制造芯片的"台积电"董事长张忠谋先生写了自传，专请我写序言；中国国民党荣誉主席连战和夫人的"破冰之旅"记述，也邀我写序言。

此外，一些华人聚居的国家也一次次邀我演讲，每场都人满为患。李光耀先生说："20世纪后期，海外华人重新对中华文化产生感动，主要是由于余秋雨先生的书。"

…………

让世界各地华人找到了"共同的精神遗址"，这对那些靠着对立来谋生的人来说，简直是釜底抽薪。因此，这么一本温和的散文书，成了他们的绊脚石。

但是，要直接否定一部大家喜欢的文学作品很困难，唯一的办法是避开作品，制造谣言，形成风波，掩埋作品。

发起者,是一个至今活跃在美国的政治人物。

主导者,是香港的《苹果日报》。该报直到2009年5月才公开发文呈示自己的这个身份。

实施者,是广州的一份报纸和一群老人。这些老人几乎全部都是过去"政治运动"中的风云人物。

秋雨先生这段自述,是有充分根据的。香港资深传媒学者曹景行先生曾亲口告诉我,经他长时间追踪发现,内地媒体对秋雨先生的大规模诽谤,受香港一个基金会控制。起因是,他们看到秋雨先生考察中华文化的文章居然感动了世界多地不同政治立场的华人,其中包括不少领袖级人物,这让他们产生了警惕,决定系统地"贬抑"秋雨先生。他们采取了三项措施:一是向一切贬抑文章支付三倍的额外稿酬;二是寻找一批早已失业的"政治运动写手"来制造事件;三是支派两名专人来往于香港和广州。由此,他们设计了"石一歌"等五项虚构事件,鼓动起了内地文化界固有的嫉妒、起哄群体,因此声势都很大,延续了十多年。他们预计,内地有关部门为了"社会稳定",十分忌惮这种传媒声势,必然会尽量躲避和掩盖秋雨先生,这样一来,他的文化影响力就会大大受损。

说几句重话

对此，我要跳过秋雨先生的自述和曹景行先生的追踪，对那个时期的媒体和起哄文人，说几句重话。

你们即使不知道香港那个基金会的企图，只要心底还有文化良知，那就请想一想，你们在报刊上发表的这么多肮脏的文字，针对的其实是怎样一个人——

他在那个"特殊时代"冒着极大的风险深入外文书库完成了通述世界文化的巨著，成为改革开放后三十多年的权威教材；

在新时期，他出任全国最年轻的高校校长，正所谓仕途亨通，却以二十三次辞职孤身远行，为了重新定义中国文化和中国人，长期苦旅在荒漠地带；

为了寻找文化的对比坐标，他冒着极大的生命危险，贴地穿越世界上大片恐怖主义地区，进行悲壮的环球考察，至今仍是全球人文学者完成此举的第一人；

针对国际上对中华文化的"妖魔化"，他大义凛然地在世界文明大会和联合国总部发表主旨演讲，系统地论述了中华文化的长寿基因和非侵略本性，其中很多论据后来被各国学者广泛引用；

他亲自创立了"文化大散文""记忆文学""象征诗学"三大文体，所写作品长期受到海内外的热烈欢迎。仅在台湾地区，就囊括了白金作家奖、桂冠文学家奖、读书人最佳书奖、金石堂最有影响力的书奖等大奖；

在香港教授们开列的"古今中外必读书目"八十本中，唯独他一人占据了两本；

…………

这么多的重要成就，还只是在他的前期，而后期的成就则更大、更多。其中无论哪一条，只需一条，他就该被仰望、被守护、被同时代人引以为豪了。但是，真实的他，却被嫉妒和诽谤长久折磨。

有一段时期，他走在路上，经过书报亭的时候，妻子马兰就会抢先一步，把他和书报亭阻隔开来。因为那里悬挂着的报刊上，常常印满了辱骂他的大标题。

他与妻子去看望两家父母，老人总会慌张地把诽谤报刊藏到枕头底下。

在他父亲弥留之际，床头柜上还放着几份诽谤报刊，上面有老人发抖的笔痕。因此他说，诽谤者对自己，有"杀父之仇"。

诽谤的可恶，在于总有不少人相信它们。中国民间有一种"不可不信，不可全信"的习惯性思维，让一切诽谤一出现就成功了一半。

因此我要在本书中占用一点不长的篇幅，约略说说我多年调查的结果，对五项最有代表性的诽谤予以澄清。天下一切诽谤都扑朔迷离，只有简明才能揭穿它们。

第一项，所谓"石一歌"

这项诽谤由香港《苹果日报》操纵，由广州的一家周报执行。所有诽谤的核心，其实只有半句话：秋雨先生似乎在特殊年代参加过一个写作组，笔名叫"石一歌"。至于"石一歌"是一个什么组，秋雨先生什么时候参加的，做过什么，都没有说。但仅此半句模糊的话，就已经闹翻了天。闹到后来，这好像成了一个黑帮的秘密组织，罪恶累累，于是引出了一千多篇讨伐文章。

事情的真相，要回溯到那个特殊年代。1971年发生的"九·一三事件"使"极左派"严重受挫，10月10日下午，周恩来总理到上海布置复课工作。他提出，大学中文系复课不能光用革命样板戏和领袖诗文，建议先用鲁迅的作品为教材，并由鲁迅通向古典文学、现代文学和外国文学，通向小说、散文、杂文、诗歌。

由于正逢鲁迅九十周年诞辰，就召回全市各个高校在农村"劳动改造"的教师，成立了两个组：一个组编写鲁迅生平，设在复旦大学；另一个组研究鲁迅，设在上海作家协会。秋雨先生被学院指派到第一个组，而所谓"石一歌"则是另一个组的笔名。

秋雨先生分配到的任务极少，只抄写了鲁迅几个月的经历，不到三天就完成了，然后就在复旦大学图书馆独自秘密编写当时还犯忌的《世界戏剧学》。

他并不知道设在作家协会的另一个组的那个笔名，写过什么文章。直到几十年后诽谤兴起，有一个诽谤者才说，那个笔名"捏造"过一件事情，说鲁迅曾在自己的一处读书室读马克思主义的著作。由于他们诬称那个笔名就是秋雨先生，因此这个"捏造"也要由秋雨先生承担。

其实，那篇文章虽然与秋雨先生丝毫无关，却也不存在"捏造"，因为读书室的事情是由鲁迅的弟弟周建人先生发表的，那个笔名的作者只是照抄罢了。

当时，秋雨先生也不知道他们的诽谤只是与鲁迅读过什么书有关，但为了给他们的胡言乱语先浇一盆冷水，就在报纸上公开发表了一个"悬赏"，写明："只要有人证明我用那个笔名写过一篇、一段、一节、一行、一句他们指控的那种文章，立即支付自己的全年薪金，并在报刊上公布。"秋雨先生还提供了执行律师的名字。

这个"悬赏"没有任何疾言厉色，却一下子让诽谤者们陷入了尴尬。他们被人们追问，又怕法庭起诉，因此年年月月、没日没夜地四处寻找证据，连蛛丝马迹也不放过。但是"悬赏"了十六年，一个疑点也没有找到，因此无人领赏。由此足可证明，那是彻底的造谣。

当这项诽谤失去势头之后，秋雨先生写过一篇文章记述这一事件，收在《门孔》一书之中。这篇文章切实、雄辩、轻松，发表之后，再也没有人提"石一歌"，他们只能到别处找碴了。

但是，这项诽谤还是在社会上留下一个朦胧的外溢印象。例如，我遇到过几个文化界的朋友，他们对那些诽谤者非常反感，但是也不免受到一些影响，轻声问我：秋雨先生在那十年是否真有一点什么问题？

我请他们做两方面的简单思考。

第一方面，秋雨先生出任上海戏剧学院院长，是在20世纪80年代。当时，那场"政治运动"过去不久，全民记忆犹新，同仇敌忾，对一切留有污渍的人都不予原谅。那他怎么会在三次民意测验中，全都位居第一？上海戏剧学院院长在行政级别上是正厅级，当时审查干部严而又严，但已经不审查"家庭出身""海外关系"之类，只审查那十年中的表现，而且要"逐月排查"。那么，秋雨先生为什么能从普通教师一下子被破格提升为正厅级，而且任职那么多年从未产生任何异议？

第二方面，就是刚刚提到的"悬赏"。我想问，除秋雨先生之外，中国文化界还有哪几个人，敢于让别人大规模、长时间地彻查自己在那十年写过的每一篇、每一句？因此，仅凭"悬赏"十六年而找不到一丁点儿污渍这一事实，就可以断定，他是全国极少数最干净的文化学者之一。

我说了这两个方面，略有疑惑的朋友全部释然了。

第二项，所谓"诈捐"

2008年汶川发生"5·12"大地震，秋雨先生第一时间抵达救灾现场，发现遇难学生遗弃的课本上有自己的文章，十分震动，当即决定捐建三个学生图书馆。有记者在灾区学校发现了捐建的动向就做了报道，而一个诽谤者也许看上了"三倍的额外稿酬"，扬言在红十字会的账号里没有查到秋雨先生捐建的款项，因此是"诈捐"，一闹闹了两个月。其实，秋雨先生是亲自到书店为图书馆一本本挑书的，当然不会再去麻烦红十字会。

自从这个诽谤发起后，一个曾因讲历史故事而出名的人也参与进来，因此诽谤势头更大，普及全国。各种参与诽谤的媒体，既不到灾区学校调查，也不采访当事人秋雨先生，可见完全不在乎真相，只想看"名人出丑"。

这件事直到三个图书馆建成，而各地文化名人纷纷为图书馆题字，才得以平息。为图书馆题字的文化名人有北京的王蒙，天津的冯骥才，西安的贾平凹，宁夏的张贤亮，香港的刘诗昆，台北的白先勇，高雄的余光中。

其实，秋雨先生和妻子马兰女士有过很多"默默捐献"的事迹。

例如，秋雨先生担任澳门科技大学人文艺术学院院长很多年，年薪很高，但他把这些年薪全都捐给了设计专业和传播专业的研究生，自己没有留下一分一毫。他要求不要把这件事公布，因此连接受捐助的研究生也不知道。

他应邀到国外演讲中华文化一个时期，最后会收到企业集团支付的高额酬劳，他总是立即捐赠给该国的华人作家协会。当地的主办者说："以前每次邀请最有名的富豪来演讲，也都没有捐出过报酬。"马兰回答说："富豪要积累财富，我们只求衣食无忧。"

马兰有一次到一个富裕省份演出，把所有的酬劳全都捐献给了当地因双亲吸毒而致困的苦难儿童。

那年，马兰接到中央电视台邀请参加春节联欢晚会的几通电话，她因为已经参加过多次而婉拒了。但她又收到一个遥远矿山打来的电话，对方说："我们这里的工人非常希望在春节期间见到您，但实在付不出演出费。"马兰一听，立即朝秋雨先生一笑，拿起一件大棉袄就去了火车站。这次矿山之行，马兰得了重感冒，回家后又传染给了秋雨先生，两人卧病了好些天。

秋雨、马兰夫妇对于钱财的不在意，到了令人惊讶的地步。出版界的老人都知道，当年《文化苦旅》初版发行几十万册，实际销售几百万册的时候，秋雨先生得到的全部稿酬只有四千余元，后来加到两万元，因为出版社是按字数计酬的。多年后，才按印刷量计酬。

又如，专家们认为，如果照书法艺术"文墨双辉"的最高标准，秋雨先生书法的价值，在当代地位特殊，而他又是受邀为各地名胜古迹题词最多的人。虽然有几百件碑文镌刻在千里山川间，他却从未收受过任何报酬。

第三项,所谓"阻止请愿"

仍然是在"5·12"汶川大地震的救灾过程中,秋雨先生看到不少遇难学生的家长举着孩子的照片跪地而泣,就与各国救护队一起劝导他们赶快起身躲到安全棚中去,因为堰塞湖就在头顶,非常危险。他的劝导讲话,被现场救助者在网上报道,获得了各地民众的赞许。但是,一个"网红公知"突然发文,指责秋雨先生。于是,网上一片喧嚣,香港《苹果日报》更是以最快速度发表长篇文章诽谤秋雨先生。

中国人明明在抗震救灾中表现出色,但他们却昧着良心彻底否定。这就激发秋雨先生在香港的报纸上发表了一段著名的讲话:

> 有些发达国家,较早建立了人道主义的心理秩序,这是值得我们学习的,但在"大爱"和"至善"的集体爆发力上,却未必比得上中国人。我到过世界上好几个自然灾害发生地,有对比。这次汶川大地震中全民救灾的事实证明,中华民族是人类极少数最优秀的族群之一。

"5·12"地震后,正好有两位美国朋友访问我。

他们问："中国的'5·12'，是否像美国的'9·11'，灾难让全国人民更团结了？"

我回答说："不，'9·11'有敌人，有仇恨，所以你们发动了两场战争。'5·12'没有敌人，没有仇恨，中国人只靠爱，解决一切。"

这段讲话，更刺激了香港《苹果日报》，发表文章严厉批判秋雨先生的一个根本论断——"中华民族是人类极少数最优秀的族群之一"。

他们说："最多是三流民族。"

秋雨先生问："那你们把自己和父母也算进去了吗？"

至此，事情又回到了秋雨先生在文化上的立足之本："重新定义中国人"。

第四项，所谓"文史差错"

2003年，某人接到了特殊指令，突然声称从《文化苦旅》里"咬"出了不少"文史差错"，还写了一本书。此书立即进入亚洲畅销书排行榜，因为很多《文化苦旅》的读者都会去买一本，这也是他的行销计谋。

全国一百五十多家报刊均详细报道此事，这给秋雨先生带来了一些麻烦，因为《文化苦旅》中的不少文章已进入海峡两岸的语文课本，而一些当代大学者，如饶宗颐、金克木、季羡林等，都褒奖过这本书，难道这些大学者没发现那么多"差错"？

就在这时，我国著名文史学者章培恒教授发表文章，说他看了那个人的书，结论是"全属无端的攻击及诬陷"，而那个人的文化水准，"连高中学生也不如"。

"连高中学生也不如"，却能纠集一百五十多家报刊为他吆喝！为此，我不能不为编辑们的文化水准脸红。

那个人无法抵挡章培恒教授的论断，居然又立即造谣说秋雨先生在一本学术著作中抄袭了章培恒教授，借以挑拨两人关系。这篇新的诽谤又被全国众多报刊转载，其中只有一位记者去查找了原文，没有发现抄袭的踪迹，就去询问那个人。那个人一笑，说："我可能有点想当然。"他对这次涉及全国的纯粹造谣，毫不羞愧，毫无歉意。

原来，他们最想"贬抑"的是秋雨先生的著作，但著作人人都可以看到，很难"贬抑"，因此也只能明目张胆地造假了，对此当然不会羞愧。

第五项，关于"离婚"

以上这些诽谤虽然在文化传媒领域闹得气势汹汹，但对广大民众几乎没有影响。秋雨先生的书依然畅销，有一次统计全国十年来最畅销的十本书，他一人占了三本。因此，诽谤集团决定改变策略，开始向他的家庭生活投污，利用"前妻"的名义造谣。他们预计，这样的事件很难辩驳，却最容易调动起街头巷尾的低级趣味。

余秋雨先生多年前曾在《门孔》一书中提到，他的第一次婚姻，是因为对方南下工作，很多年没有建立通讯关系，才自然离异的，这已经是三十多年前的事情了。

针对网上铺天盖地的谣言，秋雨先生选择了报警。上海市公安局黄浦分局五里桥派出所于2017年7月起着手处理此案，于2018年1月23日发布《调查情况说明》，其中证实，网络上以这位"前妻"名义发布的言论均为冒名，均系造谣。她本人也曾就此事多次进行举报。

除此之外，诽谤集团又进一步伪造了好几份《马兰离婚声明》，一遍遍发布。

我曾就此事咨询了警方，警官告诉我，这起诈骗事件的源头在海外，直到今天还在不断向国内发送。他们用这些低级的谣言，来淹没大师，也许就是为了动摇国家的文化安全。

马兰不愿对种种诽谤多说一句话，却对朋友们介绍丈夫的为人："我与他成家三十多年，可以完全担保，在这个人的生命中，绝不会有一分一秒产生对他人的不利之念，包括对那些伤害过他的人。他深知世界并不美好，因此自己必须加倍美好。"

她知道丈夫对所有诽谤的唯一回答，是继续埋头阐释中华文化。因此，在那些狞厉的日子里，她总是特别郑重地接过丈夫的一页页新写文稿。一天早晨，她又一次接过，然后随手为丈夫写了几句话：墨色落定，穿过纸页边缘，我总是第一个看到你的风神。与你同行，身心澄明。

好了，就选这五项诽谤吧。在复述这些诽谤时，我的笔触就像陷在泥泞之中很不舒服，因为这些东西本不该与秋雨先生的名字连在一起。

归纳起来，这些诽谤有以下四个特点——

这些诽谤一旦启动，全国必然有一百五十多家报刊转载。这些报刊都不对诽谤有任何质疑，全部站在诽谤者一边。

这些诽谤，由于针对的是秋雨先生，因此总会在三天之内传遍海外的华文报刊。

这些诽谤，二十多年来没有受到有力的阻止。

这些诽谤,参与人数不少,但在真相一一显现之后,没有人道歉,包括那些自称"公共知识分子"的人。

有些好心人看到秋雨先生没有被击倒,就用乐观的态度宣称:由此可见,任何诽谤都伤害不了大师。

这种安慰让人痛心。

不错,每一项诽谤就像一条绳索,未必能捆死受害者的生命。但是请设想一下,一位文化大师不断地被一条条肮脏的绳索来捆绑,挣脱了一条又来一条,那会是怎样的一种折磨!

每次捆绑,远远近近的媒体都在起哄,叫好,有的还走上前来,拉扯那些绳索,让它们捆绑得更紧一点。

当人们大声审问被捆绑的文化大师,只听文化大师在低声回答:"我只是忙着在做一件事,在世界上重新定义中国人,包括你们。"

星云大师在报纸上看到相关报道,就对秋雨先生说了一段重要的话——

"中国文化整体优秀,却也有一个千年未改的老毛病,那就是容不下最优秀的人。对我们自己来说,只需记住:受难,是为人世承担。"

第九章

文化峰峦

"受难,是为人世承担。"这话,让秋雨先生心志高畅。他继续承担起一系列文化工程,顺便也对人世间层出不穷的诽谤进行了深入的思考。

他发现,所有的诽谤,共同的手法是用假象抹去真相。真相在哪里?在人们的记忆里,因此诽谤者们也就要用假象伪造记忆。

那么,为什么那些保存着记忆的人不站出来呢?

这是一个深刻的问题。

有时,我们也会指责那些人胆怯怕事,缺乏道义。其实,事情要复杂得多。因为大家都知道,任何人对多数事情的记忆,往往是单向的、朦胧的,而且记忆者与被记忆的事情,又难免有点牵扯,缺乏公信力。

因此,保存着记忆的人都合理地噤声了。

真实的记忆就像脆薄的珍品，一碰就碎；而那些伪造的记忆却像塑料制品，怎么摔打也坚牢无比。

但是，真实的记忆虽然脆薄，却有着自己的天然纹理，还有细密的原始结构。因此，只要在自己的内心珍惜这些记忆，守护它们的点滴之美，那么，这些记忆就能成为精神贮存的重要内容。

于是，秋雨先生就建立了一整套面对诽谤的行为哲学，那就是——

第一，支持一切反对诽谤的呐喊和审判，但不相信诽谤会在人类社会减少。

第二，绝不与针对自己的诽谤直接争辩。

第三，以自己完整而美好的建树，使诽谤失重。

第四，把真实的记忆藏在心头，若有可能，让它们成为文学。

这套行为哲学，也就是星云大师所说的"一种承担"。

"记忆文学"

正是出于上述这些"承担",秋雨先生创建了一种新的文体,叫"记忆文学"。这是他创建"文化大散文"之后的又一个文体工程。

"记忆文学"不是回忆录,却又不作虚构。其主旨,是让文学情怀梳理记忆,从而让真实的经历获得美学禀赋。做法是,以文学的主体性原则,选择记忆中的天然纹理和原生结构,删剪那些虽然真实存在却又骚扰主体脉络的枯枝败叶,重组一个记忆活体,与今天缔结。

"记忆文学"的第一部作品,是《借我一生》。用一个家庭的经历,写了中国的20世纪。

此书荣获桂冠文学家奖。这个奖设在台湾地区,目前由新加坡作家协会原主席王润华教授引领,由诸多国际专家投票,是六十多年来世界各地华文精英对华文作品的总评选,至今一共只评出五名。评上者,需要亲自运送一棵来自南美洲的桂冠树到一个专属园林,手植其间,并在石碑上刻凿签名。《借我一生》获得六十多年评选中的最高分。

《借我一生》的新版,在每一章之后加了一些"隔代之悟"。这也就是在书籍出版二十年后,重新梳理写作时的记忆。这一来,记忆有了"双重景深",更深厚了。

"记忆文学"的第二部作品是《门孔》,描述了20世纪后半期一批文化巨匠的生命风貌,如巴金、黄佐临、谢晋、金庸、饶宗颐、星云大师、白先勇、林怀民、余光中、章培恒、陆谷孙等,因此,此书被评为"当代文化人格列传"。秋雨先生与这些被写到的文化巨匠都有切身交往,因此其中很多文章充满感性,深受读者喜爱,在网上广为传播。连百岁艺术家黄永玉先生也说,他读到了平生读过的最好文字。《门孔》中还收录了几篇与自己的生命历程密切相关的文章,如《我和妻子》《为妈妈致悼词》《祭笔》《幽幽长者》,每一篇都令人感动。

这些文章,都是以一系列动人的细节,直接疏通历史的大经络,因此,写到的每一个人,都成了苍茫背景前的生命雕塑。这一本书中,一个个活生生的人物形象,配上只有秋雨先生才能营造的雄浑气场,组合成了一篇篇令人惊叹的传记。本来最难厘清的当代文化艺术史,一下子变得有声有色、百读不厌。

由此可见,秋雨先生的"记忆文学",在文体创造上再一次旗开得胜。显然,这又为文学事业做出了独特的贡献。

"记忆文学"的这两部示范作品,以宏大的历史逻辑和精致的美学逻辑,唤醒了一代人的集体记忆,其实也在唤醒心灵深处的文化人格,唤醒巍巍大文化。

"记忆文学"的创作,其实也成了"重新定义中国人"的一部分,只不过凭借的不是古迹,而是心迹。由古迹和心迹一起组成中国人的精神史迹,这是一个不可分割的事业。

然而,秋雨先生觉得还应该做更大的事,那就是用现代思维来系统地厘清中华文化的终极学理,把中国人最本原的共同心脉,昭示世间。

这些终极学理和共同心脉,在社会变迁中已长久沉睡,因此必须来隆重地唤醒。今天的传媒着力于复归潮流,推出了各色各样的古代文化故事,却总是避开了终极学理和共同心脉。偶有触碰,又滑向了娱乐性的浅薄。这是被"大热闹"掩盖的"大缺失",应该弥补。秋雨先生知道,这项弥补,也是"重新定义中国人"的深层基础,要经由一大批鸿篇巨制来完成。

对此,秋雨先生为自己制订了一个气度非凡的著作计划,其中有《中国文脉》《君子之道》《修行三阶》《极品美学》《老子通释》《周易简释》《佛典今释》《文典一览》《暮天归思》。如有可能,还要用当代国际观念对整个中国文化史做一次综述。

也就是说,他要把"唤醒中华大文化""重新定义中国人"的责任,在更厚重的意义上承担到底。

他这一生已经写得太多太多,这一次,他发觉自己已经进入全新的境界。人静笔老,神定气宏,应该充分展现一下秘藏心底的精神巨构了。

《中国文脉》

秋雨先生发现，最早由于自己万里足迹的艰难叩击，更由于文明潜力的自然爆发，中华文化获得了空前的重视。

这本是他在漫漫长途中的深切企盼。但是，正像历史反复呈现的那样，过度重视会导致一系列负面效果。如果任由中华文化膨胀，痴肥，满身披挂，亢奋表演，结果必然会使它失去质朴而健美的筋骨。

因此，他写了《中国文脉》这部书，诚恳地告诉大家：只要进入苍茫的文化领域，首先必须懂得主次、深浅、高低。他以这个醒目的书名，引导人们求取主脉，而不必过多流连散脉；求取深脉，而不可过多玩弄浮脉。

人们有一个惯常的误会，以为做了足够的"加法"才能做"减法"。其实，如果等到满船满车的"文化"挤压得要沉船翻车了，一切为时已晚。

对文化遗产的鉴别和选择又必须激发自己内心的文化责任。王阳明说，个人的良知能接通"天下之大本"。秋雨先生选择的文脉带有独立的自我裁断，这又为文脉观念树立了更深刻的榜样。

这部书被海外学者评为"最简明扼要又动人心弦的中国文学史"。全部叙述恰恰又展现了作者的主体选择。其中，对老子、孔子、墨子、魏晋名士、鲜卑文化、大唐生态、宋代君子、阳明心学和戏曲小说，用心更深，创见更多。

在文学创作上，则注重屈原、司马迁、陶渊明、李白、杜甫、苏东坡、关汉卿、曹雪芹。

全书仔细阐述了自己做出每一项选择的理由。正是这些理由，体现了宏观而又独立的文化观念。因此，我们读这本书，除了面对一个个古代文学家，还始终面对着一个现代人，那就是秋雨先生本人。他是真正的把脉者，把住了数千年中国文脉，隆重地递交给了当代年轻人。

《君子之道》

秋雨先生独创的文化定义是："文化，是成为习惯的生活方式和精神价值。它的最终成果，是集体人格。"因此，他对中华文化的研究，势必进入对中国人"集体人格"的探寻。

我们的文化号称"以人为本"，但几乎没有系统地研究过中国人。虽然也会频频提到，却大多是一些夸张而又重复的形容词句，如果移送给其他国家的族群，也没有什么差别。正是在这种令人沮丧的情况下，秋雨先生孤身立论，石破天惊，把"中国人的集体文化人格"总结为"君子之道"。因此，这本书的书名虽然如此平和，却包含着劈山开路的理论勇气。

人类历史上曾经产生重大影响的人格范型，如"朝圣人格""英雄人格""盎格鲁-撒克逊人格""流浪人格""绅士人格""武士人格"等，秋雨先生进行逐一比较之后，认为中华文化的共同人格理想是君子。因此，君子，也就是秋雨先生在世界范围内"重新定义中国人"的归结点。

在《君子之道》一书中，秋雨先生认为，"君子之道"，是中华文化的"最后一级台阶",也是先圣们留给后代的"有效遗嘱"。他梳理了诸多相关论述,概括出"君子之道"的九项主纲,即"君子怀德""君子之德风""君子成人之美""君子周而不比""君子坦荡荡""君子中庸""君子有礼""君子不器""君子知耻",分别做了论述。

把这九项加在一起,"君子之道"就显得既完整又感性。一部研究集体文化人格的高层学术著作,居然具有了普世传播的力度,让深邃学者和寻常百姓都能畅快阅读。显然,这又是人文研究领域的一部重要作品。

《君子之道》一书极大地推进了当代儒学研究,因为直到今天,很多学者还把儒学的要旨概括为"治国平天下"。秋雨先生认为,儒学的这个政治口号虽然响亮,却过于空泛,缺少入口,难于实行。千年历史事实,也早已证明这一点。当代研究者应该把关注重心从政治理想转向集体人格,这也是人文史学的必然选择。

更令人瞩目的是,秋雨先生在这本著作中还系统研究了"君子"的对立面"小人",论述了"小人"的基本特征和社会基础。这项研究,被学术界称为"解析中国历史上负面人格的开山之作"。

《修行三阶》

秋雨先生认为"君子之道"虽好,却一直缺少普通人士通向君子的可行台阶。这些缺陷,导致在历史上人人都自称君子的混杂状态。

秋雨先生肯定历代古人在"修行"上的长期努力,认为这是一项与全民素质有关的敞亮事业,不必局限于某种学说、某种宗教、某种流派。为此,他建立了当代人进行人格修行的人文课本,那就是《修行三阶》。

此书分"破惑""问道""安顿"三大部分。

"破惑"是第一部分,从孔子关于"不惑"的理念开始,引导人们破除人生中最常遇到的"位之惑""名之惑""财之惑""仇之惑"及"终极之惑",可谓有的放矢,有益众生。几乎所有的读者都能从这些"惑"中找到自己和亲友的面影。因此,这部分所揭示的,是世人共通的精神困厄,也是修行所要摆脱的扰人最深的误思,可惜几乎未曾被系统梳理。因此本书之"破",直言直语,让人汗襟。

第二部分跳荡开去,从魏晋名士、佛家、道家、儒家的智慧中汲取修行的依据和经验。

第三部分,就是全方位的精神安顿。列出了安顿的七个方面，既可以看作修行之后的生命状态，也可以看作人生的理想归宿。读这一部分，平静、喜悦、舒心，又立即就能实行。这使一部分学术著作有了一种落地的安稳。

本书虽然是从孔子的"不惑"理念出发的，但在实际展开过程中，道家、佛家的思维都一一堂皇出现。而且，秋雨先生也真诚地表明，在人格修炼的终极高度上，道家和佛家的思想等级都高于儒家。因此，这本书对《君子之道》而言，不仅是延续，而且是提升。

从学术上说，这部书整理了中华文化在人格修炼上的千年探索，是文化研究中长期未曾深入的难点，因此，也是一次重要的学术补缺。与此同时，这部书又能帮助现世民众的精神提升，切实可行，因此出版后在海峡两岸广受欢迎。

对于现世民众而言，本书的第一部分"破惑"和第三部分"安顿"，最切合实际生态，又寻得了解脱之方、入胜之门，因此频频被摘录传诵。对于学者而言，第二部分"问道"是一个学术坐标，高敞、宏观、简明、扼要。

《极品美学》

秋雨先生曾经坦陈，自己的生命支点是"大悟、大爱、大美"。并且说"大悟是起点，大爱是光照，大美是终点"。因此，他必然要对作为"终点"的"大美"进行系统论述。

本书第三章第二节已经说过，他早年曾长期教授以康德、黑格尔为代表的西方古典美学，后来，他发现了古典美学的一系列根本性弊病，便参考20世纪后期的国际学术思潮，由古典美学进入心理美学，并写出了专著《观众心理学》。

但是，心理美学也不是他的终点，从21世纪起始之年，他决心建立以中国美学为例证的"极品美学"。

这样，作为一个资深的美学教授，他也就把以西方古典美学为基础的**虚拟美学**，首度转变成了**实验美学**，最终转变为以中国"极品美学"为基础的**实体美学**。毫无疑问，在美学上，这是具有重大转折意义的学术事件。

在这部著作中，他把"极品美学"分成三个类型，即"文本极品""现场极品""生态极品"，分别以书法、昆曲、普洱茶为代表。其中，借普洱茶而引出生态美学，是秋雨先生的理论实验。三种美学各以三种极品来标识，这也就从现代意义上展现了中国传统美学的一个重要特点，那就是：不玩概念，只重实体品赏的美学精神。

需要说明的是，秋雨先生在这本书中讲述几大美学极品的时候，并不仅仅是例证引用，而是以专家的身份进行深入品析。他自己在书法、昆曲、普洱茶领域，都是公认的顶级权威。因此，这也透露了中国美学的另一个特点，那就是：避免一知半解、似懂非懂，而必须把深厚的实践转化为典雅的权威叙述。

因此，这部著作，也就是三项"最专业的研究"的并现。以高度专业为主干，由宏观美学来提升，这就全方位地与人们常见的西方美学著作有了根本区别。

据我所知，这本书出版后形成了非常有趣的读者群体。书法爱好者把其中的《书法美学》作为高层级的课本；戏曲爱好者把其中的《昆曲美学》作为自我进修的教材；《普洱茶美学》则因为是生态文明领域的第一本美学论著，已经成了很多著名茶馆的必备读物。不少一流的普洱茶专家，能够随口复述文中的主要内容。

《老子通释》

老子对中华文化的起始意义不言而喻，历来解释《老子》的人也不少。但是，秋雨先生的这次通释又具有空前的意义，理由就是《老子通释》前言中，对这个"通"字提出的六项标准：

通述八十一章的全部内容；
通析每章每节的内在逻辑；
通观两千多年之间的思维异同；
通感原文和译文之间的文学韵味；
通论历代研究者的共识和分歧；
通考各种版本的阙误和修正。

事实证明，这部书做到了这六项，因此成了最能熔铸历史又最能接通现代的学术巨著。

本书是一部艰深的学术著作，却以清通畅达的散文写成，这在中国近代以来的学术史上几乎是绝无仅有的。为什么这样？秋雨先生回答道："《老子》原文，是一篇篇优美的哲理散文诗，我们后人怎么可以用佶屈聱牙的学术冷刀,把浑朴的诗意全都割碎?"

秋雨先生认为,千年经典只有让当代读者感到亲切,才能促成新老生命结构的趋近。

笔者翻阅过海内外出版的好几本《老子今译》,要么是枯燥的古句转述,要么是通俗的俚谈浅介,都没有味道,读了反而会让今人产生疑惑:这么一个忽而刻板忽而世俗的老子,难道真的是那个感动整个神州的千古哲人吗?

《老子通释》一出版就大受欢迎,首先是内容本身的力量。《老子》所论述的低调哲学、柔性哲学,以及和光同尘、韬光养晦、与世无争的思维,在突飞猛进的当代确实有一种强大的提醒作用和净心作用。很多读者捧着这部书,重新反思自己、反思社会。大有启悟。

以学术研究的目光来看,这部书的一大成就,是"返回《老子》"。过去很多研究者出于儒家的中庸背景,或现代的妥协习惯,常常把《老子》的思想锐度磨平、打圆。例如,把《老子》的"五色令人目盲,五音令人耳聋"解释成"不要缤纷的色彩,纷杂的音调";把"不尚贤"解释成"不尚贤之名";把"无为"解释成"不妄胡作非为",等等。这样一来,虽然很通顺,却把伟大的《老子》降低成了"芸芸众生"。秋雨先生不同意多数研究者的做法,而是让《老子》返回不同凡响的警策状态、逆俗状态、极言状态。说得好像"过头"了,但也许更接近《老子》的本意。

在一些重大的学术关节,秋雨先生都在通释中一一辩证,表现出了诚实的理论勇气。于是,秋雨先生的《老子》,不再是吞吞吐吐的《老子》,而是痛痛快快的《老子》。

痛痛快快的《老子》,一半是痛快在哲学上,一半是痛快在文学上。因此,秋雨先生又用特有的文字敏感,守护住了《老子》很多"极而言之"的诗化话语。

这样一个《老子》,更接近真相,也更接近今天的年轻读者。我认识好几位具有足够国际学历的年轻学人,他们说,过去为了领悟本国传统文化,也读过几本论述《老子》的书,却读不下去,这次在秋雨先生的《老子通释》中,才认识了一个"可爱又可敬"的《老子》,而且认识得那么愉快。

写完以上文字后,正巧遇到两位长期研究《老子》的哲学教授。他们除了盛赞《老子通释》的表达风范外,还钦佩秋雨先生对于历代《老子》研究者的评析。例如对第三十章"果"的解释,秋雨先生认为王弼与文意不合,王安石过于单向,司马光的解释较好。又如对第三十四章冯友兰的解释，颇为赞赏，却又指出冯友兰更接近《淮南子》而不是《老子》。还有，对第五十六章"知者不言，言者不知"的解释，秋雨先生不同意蒋锡昌、叶梦得、陈鼓应过于靠近政治人物的理解，认为《老子》在说普遍的人生原理。在历代《老子》研究中，秋雨先生更感合意的是宋代的苏辙和近代的严复。这种对历代研究者的严格评判，是多数学者不敢做的，秋雨先生由此显出了独特的学术高度。

《周易简释》

《周易》历来被称为"群经之首",阅读的难度无与伦比。它从占卜出发,有一种"原始数字化"的神奇魅力,因此历来被多方取用。但是,太久的时间让它蒙上了尘埃,中国现代新文化运动的代表人物胡适和其他重要学者,都对《周易》抱着一种以误解为基础的不屑态度。

秋雨先生在《周易简释》的前论中,用不小的篇幅论述了《周易》的方法、成就,批评了新文化学者们对它的误会,介绍了国际上文化人类学家对它的重视。他还特别以当代数字化的逻辑,来证明《周易》的科学性和前瞻性。

与所有的《周易》研究者不同,秋雨先生特别看重欧洲学者荣格的一个思路。那就是:以《周易》的"统计方式"与西方现代的"因果规则"作比较。初看,是"因果规则"先进,实际上,"统计方式"却容易摆脱以自我为中心的主观意图,更符合无情的真实。

秋雨先生认为,荣格的思路实际上已经预言了"大数据"的重要性,并把它与《周易》联系在了一起。当然,在《周易》的时代,所记录的数据无论是从空间上还是从时间上都太狭小,远不能与今天相比。今天和未来,《周易》

"象数学派"的智慧将会更透彻地发挥，让人们进一步感知东方智慧的高超。

本书的主干内容，是在《周易》中选了二十五个最重要的卦进行解析，其中又对乾卦、坤卦、泰卦、随卦、睽卦、兑卦解析得尤为精到。同时，又对《周易》的"系辞上传"和"系辞下传"做出讲述。

秋雨先生对于乾坤的核心概念"元亨利贞"，阐释得比以前的任何研究者更清晰、更合理、更能被广大读者接受。例如，朱熹的解释是"物生为元，长为亨，成而未全为利，成熟为贞"，秋雨先生认为是"偏离"了，尚未抵达《周易》首卦的整体格局。他认为，元是开创，亨是顺畅，利是有益，贞是可行，这四项，是完成刚健天命的基元。

然后，他又对"潜龙勿用""亢龙有悔""群龙无首"等卜辞做出了精彩的论析。

对于坤卦，秋雨先生特别强调了"柔顺利贞"的母性风姿所起到的"万物资生"作用，认为这是人类世界的美丽根基。他在阐述中，流露出在学术著作中少有的情感。

另外，秋雨先生对大过卦所揭示的"因大而过"，颇为看重，认为可以由此发现很多当代之病。

睽卦对世界差异的背定，秋雨先生认为有永久意义。

唐代的孔颖达和清代的李光地对此卦有不同的解释，秋雨先生更偏向于李光地，但最终还是更接近程颐的解释。

对于损卦所倡导的自损自减、惩忿窒欲，也与现代的"做减法"观念相合。秋雨先生认为，孔颖达和朱熹对损卦的解释都不错，但还是说小了。按《老子》原意，损减之道，是人间大道。

对于兑卦中的"引兑"观念，秋雨先生认为是展示了整部《周易》的愉悦基调，难能可贵。

这可能是秋雨先生讲述古代经典时最为艰深的一部书，但比之于历来解析《周易》的著作，本书已经是既有现代意识，又能接通人间世态的一部了。

当然，秋雨先生又反对现在经常看到的那种把古代经典与现实成败勉强联结、牵强附会的做法。他希望各个年龄层次的读者都能虔诚地仰望千古经典，而不要自以为是地随手取用。因此，保持一点艰深和难解，反而是正常的读经状态。

《佛典今释》

佛教经典传入中国，有很多篇目曾几经翻译，译文大多典奥、玄深，又保留着大量梵文音译，所以对中国读者来说难度很大。佛教曾经在中国流传最广，能够畅达地阅读佛教经典的人却少而又少，连很多僧侣都一知半解。

佛教虽然在源头上是外来的，但后来已经成为中国三大主流思维之一，是中华文化的主要组成部分。秋雨先生鉴于自己已经为儒家写出了《君子之道》，为道家写出了《老子通释》，那也就应该为佛教做出文化贡献了，这就是《佛典今释》的问世。

这部著作还在审校中，因为特殊的机缘，我得以先睹为快。

在这部著作中，秋雨先生重点解析的，是篇幅最短的《心经》。他认为《心经》集中了佛教的思维精华，因此也就在解析过程中系统讲解了佛教的基本原理。

秋雨先生借《心经》讲解佛教基本原理的时候，把"空"这个概念作为佛学的最本原核心。从"五蕴皆空"到"缘起性空"，直指释迦牟尼心中的世界本质、万物共性。这样，也对深厚庞大的佛学做了最简要的概括。

正基于此，秋雨先生以文学家的讲述方法，借用山谷里一脉水的由来,一个教师对于学生的拥有等既感性又有诗意的实例,论述了"空的哲学"。然后,他又进一步由"空"引出了一系列"不"和"无",来说明佛学会改变人们的日常思维习惯。这一来,佛学对于现代人的启迪意义也展现出来了。因此,论《心经》,也就成了佛学人生观的总体表述。

然后,他又翻译了篇幅宏大的《金刚经》并做了精妙的简释。秋雨先生认为,《金刚经》的重点,在于对世界上各种"相状"的看穿、看破。所谓"相状",大致是指那些被时间和空间设定的外部形态,包括自己的相状、他人的相状、众人的相状和传统的相状。

几种相状中,原文的"寿者相"较难与其他几种相进行并列的理解。有的研究者解释成"永生不灭的相状",显然太高太大,脱离了四相的并列系统;有的研究者解释成"事物的相状",又显然过于平泛,脱离了"寿者"的指向。秋雨先生解释成"传统的相状",既能进入并列系统,又大致符合"寿者"的指向,显然高于其他的解释。他解决了《金刚经》研究中一个不大不小的难题。

对于《华严经》,本书做了部分诠释。对于中国人原著的《坛经》，也选了一部分进行译释。讲《坛经》，其实也就是讲禅宗。禅宗主张佛心人人都有，人人都可以成佛，拓展了佛学的一个新方向。秋雨先生的这一部分讲解，读得让人愉快。

本书还收录了秋雨先生通论佛教与中华文化关系的几篇文章。其中，尤其是对佛教为何能在自身文化浓度极高的中国传扬、普及、生根，分析了一系列原因。这是前人没有做过的宏大文化课题，秋雨先生的分析具有雄辩的说服力。

与《老子通释》《周易简释》一样，《佛典今释》的书后，附印了秋雨先生恭录《心经》和《金刚经》的书法。与其他书法不同的是，这本书的书法，是纪念千余年来天天焚香净手后虔诚抄经的无数僧侣。抄录佛经本是一种修炼门径，因此本书的这个附录也萦绕着永久的香火。

《文典一览》

秋雨先生在《文典一览》"自序"中说:"我曾一再谈到,不少学术水准很高的欧洲作家用现代语文改写了古典作品,既淬醒了古典,又提升了现代,获得文化复兴。我还亲眼看到,英国皇家莎士比亚剧团的男女演员穿着牛仔服表演莎士比亚经典作品而大获成功。正是基于这种认识,我决定用现代白话文来淬醒中国古代文学经典,既激发原始活力,又守护历史张力。"

他又说,文学经典就像天边巍峨的雪山,白话文就是雪山融化后的潺潺流水,流到今天人们的心头。

与目前社会流行的盲目崇古思维不同,他认为优秀的白话文在审美传导能力上,极有可能远远高过文言文。因此,作为既是古代文学专家,又是现代散文家的他,要做一个贯通中华文化千年美学品质的实验。这当然不仅仅是今译,而是一种穿越时代的文本转换。终点在于现代文本,这种文本必须成为现代美文,人见人爱。

本书所选译的,是《离骚》《诗经》及庄子、司马迁、陶渊明、韩愈、柳宗元、欧阳修、苏轼的一些代表作,也包括了文学理论经典《文心雕龙》的主要篇章。经秋雨先生译述的作品,由于节奏、音律、韵味都兼及古典美文和现代美文的要求,经常被年轻人朗诵,广受欢迎。我本人最喜欢的,是秋雨先生对屈原、庄子、苏轼的今译。

  本书另一个鲜明的特色仍然是书法。与其他著作相比,本书的每一篇文学经典更贴合书法的气韵,一旦着墨便有相得益彰之效。看得出来,秋雨先生在书写时也心意丰沛,神采飞扬。

  秋雨先生说,列为文学经典的古代诗词作品,从创作到流传都离不开书法。辞章韵致,都与撇捺提顿紧紧相连,合在一起通称"笔墨"。因此,在今天的书籍中让出不少篇幅给书法,是让当代青年感知中国古代无数文人完整的笔墨生态,而笔墨生态其实也是他们人格生态的一部分,甚至是主要部分。看书法,是看生命的流动状态。

《暮天归思》

对于一个著作等身的大师而言，他自己内心对每一部作品的排位，很可能与社会上的知名度不太一样，也会与书名所表达的轻重不太一样。

从种种迹象看，秋雨先生对《暮天归思》一书的排位甚高，尽管这本书的书名还未曾被广大读者熟知。

只要翻开这本书，稍稍浏览几篇，就立即会憬悟：楼梯虽然不宽，却已经攀爬到了顶端。精神的顶端，品格的顶端，审美的顶端，都支支棱棱地簇拥在一起了。

这本书，看似短文汇集，其实是秋雨先生人生哲学的结晶，具有超常的精神重量。尤其是第一部分的《我的生命支点》《因悟而淡》《因爱而勇》《因美而安》，概括了他美好的生命哲学；第三部分《文化是一条大河》《文化的孤静品相》《文化的陌生品相》《文化的天问品相》，概括了他高超的文化追求。

我认为，这几篇文章，既可以作为步入秋雨文化殿堂的轻便台阶，又可以帮助读者收心归息。如此宏大的文化规模却用最短小的通俗篇章来总结，这可能是他的故意，显示出由"极博"而返回"极简"的思维秘仪。

除了上面所举的这些篇目，这本书的其他文章也都称得上是一流美文，涉及生活的多个方面，直指人生大义，读来令人喜悦。

必须一提的是，本书还对中华文化历史上一些重要人物的重要事件，做了有声有色的描绘，其中包括《诗经》的男女作者，以及庄子、屈原、司马迁、苏轼、关汉卿、王阳明等。对于一些文化难点，例如，怎么更好地阅读唐诗、宋词，做了细致的范例剖析。这些文章虽然不像《中国文脉》一书中表达的那样恣畅、丰厚，却也因短小精悍而有另一番风味。可谓大事小议，举重若轻。

一切重大的文史难题都可以付之细语轻笑，云下茶晤，这就是一个精致的终点。

《中国文化课》

除了以上九部重大著作，还有一部影响更大，那就是根据秋雨先生在喜马拉雅网站授课一年所留下的录音稿整理形成的《中国文化课》。

此书是一部长达六百多页的厚重巨著，然而一经出版就登上了畅销榜，而且一次次持续加印。音频课的收听人次也在不断更新，从三千万，到六千万、八千万、九千万，笔者写作此书时，已经过亿。

接受面如此之广，但课程内容却保持着足够的深度，因为这本来是中国艺术研究院"秋雨书院"博士课程的一部分，必须具备学术的严整性。

课程系统地梳理了中国文化的历史，并且频频与同时期的其他文明进行比较，是一部世界意义上的中国文化史。课程还开掘了中国文化的哲学深度，以及对中国文化利弊得失的反思。然后，又布置了大量"课外作业"，列出了中国文化中"必须记忆"的内容，以及"衍伸阅读"的范围。

这么一部书籍居然能够在今天的社会受到如此广泛的欢迎，这一事实让人对中国文化的前景增加了不少乐观。

秋雨先生在本书的"自序"中说，有这么多的人同时在收听一门无法降低学术水准的博士课程，无论是考之于历史,还是考之于国际,都算得上是世间奇迹。这个事实产生了一种鼓励:对于中国文化,应该还有许多事情可做。

他说:"原以为我在面对一道道巨大的文化峡谷时还会像当年独自苦旅、冒险中东一样,只与孤云荒漠为伴,没想到身后竟然跟着如此多的人。……我当初最担忧的学术沟坎,他们全都跟着我跨过去了;我当初最烦心的历史沼泽,他们也都跟着我走出来了。"

由独自苦旅变成浩浩荡荡,这种变化让秋雨先生极其惊讶又极其愉快,不管怎么说,"唤醒"的初愿已卓有成效。

大　隐

至此，我们已经看到了秋雨先生这些年来所建立的十座学术高峰。

笔者偶尔读到一位台湾学者评论秋雨先生的文章，著作的名称是《文化昆仑》。我觉得，十座高峰，再加上三十年前的四部学术著作，以及写于环球考察的那几部著名文本，还有那么多风靡天下的散文、剧本、诗歌、小说，以及他自己创建并示范的"记忆文学"文体，真可谓莽莽苍苍，俯视云海，足以配得上这个名称。

但是，秋雨先生信奉的人生基调是柔静素朴、和光同尘，因此一定不接受过于显拔的表述。好，那就把他连绵的文化成就说成是"文化峰峦"吧，并以此作为本章的标题。

有关中华文化的一切重大命题，秋雨先生几乎都未曾缺漏，皆以一人为归。这种现象在历史上也出现过，但非常稀少。我一直认为，秋雨先生虽已年高却还能生机勃勃地进入最佳创作状态，无论是在数量上，还是质量上，为多数中青年学者所远远不及。这中间一定蕴藏着某种神秘的天机。由此，一切神思、高智都奔涌而来。

在中国美术馆隆重举行的"余秋雨翰墨展"上，除了让大批专业书法家都惊叹不已的书法作品，光是他在海内外出版的各种书籍，一本本不重复地依次展开，居然占据了大厅中一排极长的高橱，让人一眼看不到头。一个人怎么可能完成如此巨大的文化创造工程？对此，很多人百思不得其解。

新加坡的郭宝崑先生认为，秋雨先生具有"旷世的才华和毅力"。其实，除此之外，还有一个重要秘密，那就是在社会应酬上做了最彻底的"断、舍、离"，婉拒了最容易无端耗费生命的各种外来邀请，即使这种邀请来自极高的权位。于是，他得到了几乎一尘不染的独立和纯粹，所有的时间和精力都在自己的掌控之下，因此也就佳作迭出。

他对独立精神的坚守，体现在多个方面。在研究中，不趋炎附势，不墨守成规，不在乎潮流。在人格上，不耽于名利，不惧怕诽谤，不逢迎追随。几十年来，他不用手机不上网，不交权贵不开会，完全沉浸于自己迅捷的步履之中。

他在《大隐》一文中做了这样的自述：

大隐，是我几十年来的基本生活方式。

这种生活方式有一个最简单的标志，那就是，除了妻子，谁也找不到我。

但是，这并不是自我封闭。我想出来就出来，而且可以出来得衣带生风、万众瞩目。突然我不愿意了，便快速消失，不见踪影。没有任何人能够把我的衣带拉住，更没有任何堂皇的理由、巨大的名号，能够让我出现在我不愿意出现的场合。

也不是自我噤口。我想说话就说话，我想写书就写书，而且可以说到国内国外，写得畅销不衰。然而没有一种力量，能让我多做一个发言，多写一篇文章。在那些热闹的时间和拥挤的空间中，我的声音隐了，我的笔墨隐了。

此为大隐。

他认为，要真正实现"大隐"，必须经常地"自掩亮点""自闭殊色""自我消磁"。这么做的根本理由，来自庄子的哲言："至人无己，神人无功，圣人无名。"

庄子说了好几个"无"，其实，"无"的背后有宏大的精神支撑。秋雨先生说，他有三大生命支点，那就是大悟、大爱、大美。

大悟，是摆脱一切名位羁绊，抵抗一切利益诱惑，全都把它们看成是空虚的假象，既不执守，也不追求，这样，生命也就获得了真正的自由。

　　大爱，是天然地对世间同类产生真诚的好意，并由此良性传染。于是，一个人不再是一个人，陌生的天地不再陌生，拥挤的人群变得有情，远方的荒山变得有灵。随之，世上一切散布仇恨、仰仗权势、夸大输赢的观念，就会失去意义。

　　大美，是创造了一个更愉悦、更高贵、更共通的感觉系统，让人的生命在优美的形态中被肯定、被拔擢、被共鸣。大美，外力无法剥夺，别人不会争抢，足以安顿终生。既可以是艺术杰作，绝佳风景，也可以是心头灵感，创作绮梦，都可以成为深层次的人格潜藏。

　　秋雨先生说，顺着这三大生命支点，最后达到的境界是"无我空境"。

　　无我，让自己放逐了身份，放逐了年龄，放逐了地域，放逐了专业，成为一个翱翔天极，融合万方之人。

　　无我，让自己无避损失，无避毁谤，无避病痛，无避死亡，成为一个能够面对一切祸害而不会逃奔的大勇、大健、大雄之人。

无我，让自己由世俗之人变成天地之人，腾身界外，全然通脱，元气充沛，无所不能。

由此可见，大隐不是生存谋略，而是进入了这种无与伦比的"无我空境"。

在"无我空境"中，作为生命形态的"我"，没有任何焦虑和忧虑，总是安顿得心满意足。秋雨先生在《我和妻子》一文的末尾写过这样一段话：

记得曾有人询问我，此生是否幸福。

我毫不犹豫地做了肯定的回答。而且特别说明，我的幸福很具体，至少有以下四个方面——

拥有一位心心相印的妻子；

拥有一副纵横万里的体能；

拥有一种感应大美的天赋；

拥有一份远离尘嚣的本性。

这四个方面，都非常确定，因而此生的幸福，也非常确定。

然而，他又赶紧说明，这四个方面的确定，需要有很多特殊条件的特殊组合，几乎无法重复于来世。那就想开了，不再对未来抱任何期望，让时间也进入"无我空境"。稀世的幸福不应重复享受，一次就够。

也就是说，这是一艘只有两人的单程孤舟，这是一个不再企盼明天的千古黄昏。听起来有些悲凉，却是排除自欺欺人之后的生命真相。按秋雨先生的说法，"有一种海枯石烂般的洪荒诗意"。

他的一系列文化峰峦，他与妻子的相依为命，都在这洪荒诗意之中。因此，大隐，是一种东方式的"诗意生存"。当然比海德格尔高得多，因为这种"诗意生存"直通天地玄秘。

第十章

妻子马兰

你的眉眼

马兰是从书上认识秋雨先生的,因为读了《艺术创造工程》;秋雨先生是从舞台上认识马兰的,因为看了她主演的莎士比亚戏剧《无事生非》。遇到马兰后,秋雨先生震惊于她善良无私的纯净心怀、典雅高贵的艺术天赋,于是就迈入了人生的另一个阶段。相关过程,在《我和妻子》一文中已有记述。那篇文章,是《门孔》一书的最后一篇,坦陈了两位大艺术家极为珍罕的婚恋史。至情至语,岂容他人复述,建议大家去直接找来一读。

秋雨先生和马兰结婚之后,在上海和合肥分别安了一个家。

马兰当时是安徽省黄梅戏剧院的首席演员和负责人,工作很忙,经常要带队外出演出,一年甚至要演出几百场。

但只要一有空闲，便立马赶到丈夫身边，操持家务。而丈夫是上海戏剧学院院长，也非常繁忙。

全国各地很多人都在说："看戏，只爱看马兰；读书，只爱读余秋雨。没想到，他们居然是夫妻！"

秋雨先生有很高的知名度，但在更广泛的社会面上，马兰的影响力更大。

夫妻二人有时上街，就会有人扯一扯边上的秋雨先生问："这个是不是马兰？"

秋雨先生假装侧头细细查看后说："哦，是有点像。"

马兰聪明好学，艺术天赋惊人，鉴赏力更是一流。她对表演艺术之外的现代艺术，如绘画、雕塑、音乐、建筑等都有充分的领悟，这也是他们夫妻二人最喜欢沉浸的话题。秋雨先生认为，在对当代西方音乐流派和建筑流派的认知程度上，马兰已经大大超过了他。

秋雨先生和马兰已经共同生活了三十多年，人生观念和艺术思维都趋向一致。秋雨先生说："人生在世，最要紧的是找对一个人。如果找着了，那就会天天牵挂，却又不必牵挂。于是天边就在枕边，眼下就是天下。"

对于他们的伉俪情深，秋雨先生在《你的眉眼》一诗中，做了这样的描写：

> 你的眉眼是我的山水，
> 我的山水来自唐代。
> 拍去风雪，洗去粉黛，
> 浅浅一笑，草草一拜。
> 西出阳关我做伴，
> 孤帆远影我也在。
> 你是我的第一高度，
> 你是我的最后要塞。
> 千年一盹，万里一鞋。
> 有你有我，再无期待。

惊鸿一瞥

马兰出生于安徽省西南部的太湖县,祖籍是寿县。父亲是当时太湖县唯一的大学生,在剧团从事舞美设计和编剧工作。母亲所在的安庆中学适逢太湖县剧团来招演员,以为美丽的"太湖"在江苏,便报了名,谁知道却来到这儿。

跟秋雨先生的叔叔一样,马兰的父亲也看到安徽灾荒十分严重,有些官员却欺上瞒下,后果触目惊心。他看不下去,便仗义执言,在一次次会上大声疾呼,结果被打成了"候补右派"。此后的艰难,超乎想象。

在那最不正常的十年间,马先生每天在大街上被监督劳动。这天,他得到通知,过两天要接受一次严厉的"批斗"。这让马先生担忧了,他怕年幼的子女看到父亲受尽侮辱,这样很可能会对人世种下太多的仇恨。

他与妻子商量很久,决定把孩子们送到一个陌生的农村去,他们认识那里一个上街来的农民。孩子中最小的才五岁,她就是马兰。

马先生被捆绑在大街的高台上"挨批斗",他闭着眼,想着坐在牛车上远去的孩子们,只希望牛车快一点,远离这种疯狂的喧嚣。

牛车在荒野上缓缓地行走。小女孩马兰,好奇地看着一路的野花。她不知道，自己已经被她父母推上了一条"心中无仇"的神圣道路。

十二岁那年，马兰凭借聪明的天资、美好的气质，考进了安徽省艺术学校。

但她是"右派"的女儿，"政治审查"通不过。

当时，母亲正随剧团在一个山村演出，听说不让女儿入学，她以罢演来抗争。

那夜，正好有一个县里的官员在当地办事，急着对马兰的母亲说："你看，远近几十里的乡亲都举着火把来看戏了，主要演员要是罢演，这可是严重的事件。"

马兰的母亲说："我女儿考上了学校却不准去上学，我活着还有什么意思？"

当时天色已晚，那官员抬头看了看远处，只见群山中火把越来越多，像一条腾空而起的火龙，气势非凡。

那官员觉得，今晚的演出如果不能进行，真的会出大事。他急忙对马兰的母亲说："这样吧，你女儿上学的事，不难办，我明天去找主任，一定让你女儿去上学。"

"你说的我不信。"马兰的母亲很强硬。

"那我现在就出发去找主任，你上装开演吧。"

"那好，你出发，我上台。"母亲开始化装。

几天之后，十二岁的马兰拖着一口大木箱挤上了开往省城的长途客车。父亲、母亲很想去送她一程，但单位没有批准。

经过八个小时的长途颠簸，马兰终于来到了学校。在这里，她接受了系统的舞台基本功训练。

就在她上学的几年中，中国社会发生了根本变化，她家庭的政治包袱也卸除了。毕业后，她进入了安徽省黄梅戏剧院。

来到剧院的第二年，她被安排主演《女驸马》，同年12月，赴香港地区演出。由于扮相俊美，嗓音清亮，马兰一下子轰动了香港地区，报刊上佳评不断。

香港地区人本来就热爱黄梅戏，李翰祥导演的不少电影都采用了黄梅调，因此，这座城市有大批资深的戏剧评论家和内行的观众。马兰居然在这里被高度认可，成为一大新闻。她那么年轻，顷刻就成了广受海内外赞扬的舞台明星。

与其他剧种的"传代系列"不同，在马兰之前，黄梅戏的前一代演员严凤英已经去世，那时马兰只有四岁。现在马兰刚刚二十岁，毫无争议地成了一个大剧种的首席，享誉全国。

马兰在最短的时间内"一飞冲天""横空出世",受到海内海外、上下左右的交口称赞,这是一个奇迹,却揭示了艺术哲学中的一个高深课题。那就是:优秀的艺术家可以通过时间来培养,但天才艺术家则会爆发于生命状态最圣洁的青春岁月。

天才艺术家并不是每个时代、每个地方都可以拥有,但一旦出现,则光照千里,与经验、师承、勤奋、积累完全无关。他们的"生命密码"中蕴藏着大量人文、美学的潜质,似乎已经蕴藏了几辈子,只待爆发。这种神秘现象的成因,还需要现代生命科学深入的研究,但中外艺术史上的大量事实早已证明这种现象的存在。

为此,秋雨先生在担任院长时曾经指示:上海戏剧学院表演系教学的第一重点,是招生。发现表演潜质,比训练表演技能重要得多。在做出这个指示时,他并没有期望艺术天才在这次招生中出现,但他知道艺术天才的形貌,因为身边就有一个。

在马兰看来,论资排辈是官场规则,师从名家是跟班心理,十年磨剑是工匠比喻,追求学历是冬烘闹剧,都无法抵达第一流的艺术创新。第一流的艺术创新依凭自己的天性,只需从深处发掘,从高处感悟,就能创造出任何业绩。

1982年，长篇电视连续剧《严凤英》开拍，马兰是理所当然的主演。据报道，此剧播出时全国各地都万人空巷，在马兰表演的荧屏前，无数观众都感动得哭了，其中包括很多闻名遐迩的重要人物。笔者本人，也是在这部电视剧中含着泪水认识了马兰。

　　很快，马兰获得飞天奖优秀女主角奖，又获得了第六届大众电视金鹰奖最佳女主角奖。当时，全国观众投票的热情非常高。这时的马兰，已成为几乎无人不知的艺术家。

　　不久，电视连续剧《红楼梦》邀请马兰出演重要角色，但马兰打听到，在这个剧组要耗费多年时间，这会严重影响她舞台演出的本职，便婉拒了。

　　很多年长的观众都记得，在1984年中央电视台的春节联欢晚会上，一位青年演员惊鸿一瞥的美丽，几乎惊动了所有的观众，这便是马兰。直到今天，很多观众还记得她在那晚的发型、身姿、唱腔。

真正的高峰

马兰1991年主演的黄梅戏《红楼梦》,是一座当代艺术高峰。直到几十年后的今天,还有不少戏剧爱好者坚称,这是他们平生看到的最佳舞台剧。

这部戏的总策划就是秋雨先生,他曾几度为剧组讲课,希望能从文化反思和艺术创新这两个方面,重新建立中国传统文化的美学地位。剧中一些主要段落,由秋雨先生亲自创作。

结果,由于马兰令人惊叹的杰出表演,这部作品被很多评论家称为"达到了感天动地的空前效果"。

那么多年过去了,笔者依然清晰地记得那场动人心魄的演出。

演出一开场,一束白光打在舞台中央,翻卷出风雪茫茫、天地皆白的摄魂全景。马兰扮演的贾宝玉,身着僧服,青发修顶,缓步走向观众。她摆脱了大多数《红楼梦》戏剧沉迷的"三角恋爱"通俗结构,以一个哲理化的"出世"形象穿越时空,让所有的观众进入一个宏观的精神层面。由此出发,才引导出后面的一场场情节。

最后一场,贾宝玉从婚礼上知道黛玉去世,急忙穿着新郎的服装赶到冰冷的潇湘馆。马兰的演出,以无言的悲怆使剧场气氛全然凝冻。大家以为她要爆发，要疾言，要控诉，都没有。她只是轻轻挥手，让众人走开。

在万籁俱寂中，马兰低低一声："求诸位，退一退……让我与她静一静。"声音虽轻，却满场为之震动。

面对黛玉的棺木，马兰演的宝玉把婚袍脱下，轻轻地覆盖在棺木之上。这才出现一段泣不成声的低唱，却又不想让别人听到。

"我的新娘就是你，我守扶灵柩与你来成婚……"

此时，舞台上的马兰又隆重地退到稍远处，向黛玉的棺木下跪，然后用快速跪进的膝步，冲向灵柩。

她以宝玉的身份说，自己与黛玉有约定，"敲不开门时就拍门"，说着就伸手大拍灵柩，敲着最后的门。每演到这里，观众没有不流泪的。

马兰每一场演出，膝盖都被磨破，鲜血淋漓，手指拍得节节红肿。极静和极动，都以个人肢体表达出来。这时的马兰，再小的动作都会引得几千人屏息。只要马兰在台上，偌大的剧场不会有丝毫的杂音。

总之，在《红楼梦》一剧中，笔者觉得马兰的表演艺术，已经达到了出神入化的境界。这种境界，历史上只有极少数真正的艺术天才有可能抵达。

网上还能看到马兰演出的录像，我也看了一下，深为当时的拍摄水平感到遗憾。马兰演出的最神秘之处，是她以特殊的节奏控制空间的能力。不仅控制舞台空间，而且控制剧场空间，控制所有观众的心理空间。她再小的动作、再轻的声音，也被一种神奇的魔力传递到现场每个观众的心跳呼吸间。这一切，在录像中当然不可能体现。

1991年11月24日，《红楼梦》在合肥首演。随后便赴南京、北京、上海、武汉、长沙、广州、深圳等地演出，截至1992年，已经演出了八十余场。1992年3月，应邀进中南海怀仁堂接连演出了两场。据说，很多来看戏的领导人鼻子都哭红了。

须知，他们全都熟悉《红楼梦》，今天的感动，只因为表演。该剧获得1991年度"五个一工程奖"，马兰获"文华奖"和"白玉兰奖"的最佳主角奖。1993年10月，《红楼梦》赴香港地区演出，又获得了巨大的成功。

如此盛况，真把马兰累坏了。在一些城市演出时，马兰只能白天到医院去打点滴，晚上拔了吊针又登台演出，几乎天天如此。知道这些情况之后，国家文化部专门下发了一个红头文件，要求剧院关注她的健康。

很多一流艺术家也被马兰的演出震动了。著名电影导演谢晋看完演出后激动地说:"这出戏,是第一部真正成功的中国音乐剧。"

萧伯纳先生的嫡传弟子黄佐临先生在病床上写信给秋雨先生,直言黄梅戏《红楼梦》为他探索几十年的中国音乐剧找到了出路,因此也为中国戏剧的世纪转型创造了范例。

谢晋、黄佐临两位国际级艺术大师的判断证明,黄梅戏《红楼梦》在艺术上的价值,在于走出了中国音乐剧的可行之路。那就是:采用传统戏曲的唱腔元素,让古典美学转化成现代美学,并由最佳的表演艺术家来引领全局。

笔者在观看这部戏的演出时也血脉偾张、泪流满面。演出结束时,准备上台给马兰献花,因为人多,只好托工作人员转交。当时被无数鲜花簇拥的马兰老师,到如今都不可能知道,在那花海中,也有笔者献上的一束。

除《红楼梦》之外,马兰的演出非常之多。不管什么剧目,只要在幻灯片上打出马兰的名字,全场立即爆发一片掌声。

中央某主要领导看完马兰的演出后上台发表了这样的讲话:"大家都知道我是一个痴迷的京剧爱好者,但今天我要说,中国最好的剧种在这里,最好的演出在今夜!"

行家的口碑

马兰得过的奖,多得难以统计。且不说连续多届的"全国人大代表""全国先进工作者""全国劳动模范""全国三八红旗手"了,只说在表演艺术领域的大奖,她一个也没有漏,而且都是每一个奖项的首奖,即最佳女主角。有人统计,她是国内迄今同时囊括了舞台剧最高奖和电视剧最高奖的唯一人。

对于这些奖,她都不在乎,把所有的奖杯、奖牌交给了剧院办公室,自己一心只在创作。因此,她还公开宣布,不再参加评奖。

谢晋导演有一句名言——"奖杯不如口碑"。广大观众的口头褒扬,其实比评奖重要得多。

马兰的口碑之好,到了令人惊讶的地步,也就是从来没有听到哪一位观众对她有负面评价。

这种情况,照理很难在同行间发生,因为同行难免有嫉妒之心。但奇怪的是,艺术界、戏剧界的所有同行,都对马兰有极高的评价,甚至在黄梅戏圈子里边,也不例外。

如下,是笔者从各种媒体的采访报道中随手摘抄来的,肯定是"挂一漏万"了——

戏剧大师曹禺在看完戏后说:"马兰,为什么她在舞台上这么亮?马兰是用自己全部的生命能量,来展现剧中人物的光彩,因此在台上就有了一种摄人心魄的亮度。"

著名作家和戏剧家白先勇说:"台湾人把黄梅戏叫'黄梅调',自从马兰在台湾演出后,台湾人就更加喜欢黄梅戏了,所以,她架起了两岸戏剧沟通的桥梁。马兰在台湾,家喻户晓。"

戏曲音乐大师时白林说:"马兰是非常有才华的演员,形象好,形体漂亮,表演深入浅出,在表现人物方面更是有让观众凝神屏息的独到之处。"

曾经长期与马兰合作的资深表演艺术家黄新德在中央电视台的一次采访中说:"我必须承认,马兰是个非常优秀的、非常有品位的艺术家。她的素养、她的气质,包括她的演出水准,我觉得恐怕不是什么人都能取代和超越的。马兰天生丽质,风度翩翩,如空谷幽兰,品位一流。尽管她已经离开舞台多年,但依然深深地留在观众心目中。在艺术圈内,她的声望犹在,她至今仍然是黄梅戏一座无法替代、难以逾越的高峰,甚至随着岁月流逝,她的作品、她的为人，会更加散发出经典的光亮。"

中央电视台戏曲频道主持人白燕升说："马兰和她的作品已经走在了这个剧种的最前头，产生的影响超越了剧种本身。我认为马兰是当代黄梅戏最具代表性的人物，某种程度上，她已经超越了严凤英。"

戏剧家刘云程说："马兰是最出色的表演艺术家，可以说还没有人超过她在黄梅戏表演上的成就。尤其是她演出的《红楼梦》，更是黄梅戏历史上里程碑式的剧目。"

著名戏剧家金芝说："马兰的艺术魅力来自特有的、和谐的'诗意'。看她的演出，好像在读着一首首不尽相同但风格统一的诗。"

著名戏剧导演马科说："马兰有今天的表演高度，是因为产生了真正发自人物心理的形体动作，因此她就惊心动魄地进入了那种艺术境界。"

北京人民艺术剧院著名表演艺术家林连昆说："第一流的戏曲演员试演故事片电视剧，真正成功的只有马兰和李维康两人。建议召开一些表演学术研讨会进行研究。当然，最不容易的还是马兰，因为她是剧种首席，在故事片电视剧中又是第一主角。"

著名黄梅戏表演艺术家吴琼说："我们几个曾被称为五朵金花，但是排名第一的，理所当然是马兰。第一确定了，其他也就无所谓前后了。马兰那种特有的大气与高贵，是其他人不具备的。"

著名黄梅戏表演艺术家杨俊说："马兰那种与生俱来的魅力不仅表现在艺术上，还表现在做人上。我欣赏她独特的气质，文艺圈中那些人云亦云、风吹易摆的事，与她毫不沾边。"

首席的创新:《秋千架》

马兰在改革开放的年代,为中国戏曲带来了真正高贵的光彩。那些年,由于她,黄梅戏已经不是一个地方剧种,而是成了全国各地的"第一风靡"。而她的名字,又超过了剧种名称。

马兰在电影、电视、舞台剧中主演了太多的剧目,除了代表作《严凤英》《红楼梦》,还有《龙女》《罗帕记》《天仙配》《女驸马》《风尘女画家》《无事生非》《劈棺惊梦》《西厢记》《遥指杏花村》《梁祝》《牛郎织女》《小辞店》《打猪草》《夫妻观灯》《戏牡丹》《春香闹学》《桃花扇》《白蛇传》等,数不胜数。

杰出的表演天才再加上密集的辛劳,使她的知名度、美誉度长期保持着全国纪录。曾有几家戏剧杂志在全国各省各行业民众中做"随机采问",几乎所有的路人都把马兰列为"最喜欢的演员"。

秋雨先生有一次笑着说起一件趣事。很多年前他应邀到新疆乌鲁木齐讲学,碰巧在街上遇到一群年轻人打群架,警察已把他们控制在一起。这时路边一个冷饮店的女士突然高声说:"看,这位就是马兰的丈夫!"没想到不仅很多路人驻足,而且那批被控制的打架的年轻人也全都转过身来，热情地伸手打招呼。

秋雨先生还借此事跟妻子开玩笑："看看你粉丝的素质，还打群架！"

这种人所共知的顶端地位，没有让马兰骄傲，却激发了她的思考。

顶端就意味着引领，中国戏曲应该怎么往前走？在当时，戏曲界"复旧""啃老"的不良风气还没有后来那么成势，却也略显端倪，即把几十年前的老戏、老艺人全都奉为"经典"，阻止了当时的改革创新。马兰对这种做法早就厌烦，完全认同丈夫在《中国戏剧史》和其他著作中的观点，坚信中国的艺术文化必须勇敢创新。丈夫提供了极有说服力的历史例证，中国戏剧史上最优秀的"元杂剧"只存世了七十几年便像英雄一样轰然倒地，把生存空间让给了新的演剧形态。

新陈代谢，才是艺术的生命之本。

按照这种思考，眼下黄梅戏虽然爆红南北，却也要考虑它的艺术储备比较浅陋，继续前进的体质不够强健。如果自鸣得意，那么一时爆红很可能是衰落的开始。因此，她与丈夫商定，要以剧种引领者的身份，拿出创新的范本。

这很难。最难的，恰恰是她的地位。

"全国最受欢迎剧种的首席",这个地位似乎必须保护不可动摇的传统,而创新恰恰是要突破传统,改写历史。因此,别人提创新可以,首席却不可以随意提,即使提了也不能轻易去做。这就像一个堂皇的大家庭,后生晚辈可以出走,但是如果首席家长要出走,就不可思议了。

马兰决定,就是要做不可思议的事。

马兰的创新,不是在浮表层面上做一些变革,例如很多剧种都在尝试融入现代音乐元素,引进其他剧种的唱腔,或移植外国名剧,等等。她觉得这样的局部装饰不能解决问题,应该从整体美学观念上走出新路,就像公元8世纪的长安,15世纪的佛罗伦萨,19世纪的巴黎那样。

这恰恰与秋雨先生想到一起去了。

秋雨先生通晓世界戏剧全貌,深知创新是艺术的生命,但欧洲以《等待戈多》《秃头歌女》为代表的荒诞派、先锋派戏剧不适合实际演出,生命周期已经结束。至于美国百老汇的音乐剧,在华丽制造背后隐藏着艺术思维的浅薄,是秋雨先生看不上的。他心中的创新,没有国际范本,只有立足东方美学,重新探索。

其实,秋雨先生投身创新,也有地位上的不便。作为一个高校校长、上海市教授评审委员会负责人,他可以评审创新、考核创新、支持创新，却很难自己冲到最前沿做一个创新的突击先锋。但是，他长时间关顾四周，终于得出结论：我不做，谁做？

于是，他们夫妻俩都从自己领域的王者之尊，一下变为摸黑探路的荒野勇士。

要在整体美学观念上创新，秋雨先生想从麻烦最多的历史剧入手。

在多数中国人心中，历史剧是历史学的美丽侍从，但这是错的，连《历史哲学》的作者黑格尔都断言，艺术比历史重要。因此，秋雨先生准备为马兰写一部新戏，把"历史"变成"寓言"，把"哲思"变成"谐谑"。他信服海明威"非象征的象征"及迪伦马特"非历史的历史"，由此他建立了"象征诗学"的艺术主张，并亲自投入实践，担任编剧，这就是《秋千架》。

创新的焦点，是马兰的表演。

不是让自己的表演成历史，而是让历史熔铸在自己身上自由行动。这种熔铸的结果，在别人那里常常是苦涩，而她所要的，是塑造一个充分美丽的中国人，然后来象征历史所包含的美丽。

在戏里，她要执掌最辉煌的皇家仪式，又要挑逗最顽皮的世间青春。几重极端状态集中在她身上却一点儿也不抵牾，借由一个可爱的故事而全然畅通。这需要马兰在表演上兼通最古典的戏曲、最现代的话剧、最国际的音乐剧、最世俗的谐谑剧，而共臻极致。让人赞叹的是，她确实兼通了，而且演得浑然一体，不着痕迹。

笔者还记得《秋千架》里的一个动人场面。善良的公主知道女主角"女扮男装"的真相后，请马兰主演的楚云脱下男装，换上女装。在缥缈的灯光下，悠扬的古琴中，马兰背过身去，褪下红色的男装，观众看到一身洁白的长裙奔泻出来，长长的秀发如瀑布垂崖。

她由此慢慢地找到了失去多日的女性动作，然后一点点地舞蹈起来。舞蹈幅度渐大，完全是一段现代舞，用肢体倾诉着一种身份转换：男性，去吧，我是女性，女性才美！

与此相应，唱腔的变化也非常大。马兰用男腔得意演唱，又暗自藏下了女儿身的窃喜："轻抬素手扫群儒。"后面，在必要处，她还用了京剧唱腔，让全场惊醒。

由于《秋千架》，马兰被两位著名评论家称誉为"国内把传统艺术与现代精神结合得最好的表演艺术家""东方女性美的全方位展示，几乎无人能及"。

上面已经说到，这部戏在本质上是秋雨先生实践他"象征诗学"理念的探索之作，本来准备面对一切尖端实验都无法回避的"曲高和寡"，没想到，由于作品外部形态有趣、饱满、明亮，居然吸引了无数观众。

1999年6月在北京长安大戏院演出，创造了剧场的票房纪录。不仅场场爆满，而且每场都有大量无法进入的观众挤在剧场外面，其中尤以青年学生居多。

秋雨先生发现，这些无望期待的观众中，有很多是几所著名艺术院校的学生，便亲自与剧院商量，让那些博士研究生和硕士研究生凭学生证进入，在舞台侧幕条的边上站立观看。

2000年3月赴台湾地区演出时，更是盛况空前。

马兰的《红楼梦》曾在那里引起轰动，这次各报都以大标题刊登："马兰又来了。"那时正逢台湾"大选"，《秋千架》演出剧场的门外广场上，每夜都会聚集二十多万民众为选举造势，因此，海内外没有一个剧团敢于在这个时间、这个地点演出，因为如果演出，观众需要在人海中硬挤很长时间才能进入剧场。在这种情况下，《秋千架》居然每场不空一个座位，这连当地的报纸都认为是"不可思议的奇迹"。

除了普通观众的热情，台湾地区的文化界、学术界、教育界对秋雨先生"非象征的象征""非历史的历史"的"象征诗学"更感兴趣。因此，由于这部戏，秋雨先生与马兰一再受邀到几所大学演讲，不久连一些著名中学也来邀请。人数实在太多时，往往把演讲场所转移到体育场。

台湾地区的报纸对秋雨先生和马兰的报道天天不断，结果发生了一件有趣的事。著名作家李敖是那次"大选"的四个候选人之一，身后有几十名随从保卫，很是气派。但有一天他在电视镜头里拿着几份报纸抱怨："我是候选人，报社报道我的版面只像豆腐干那么大。余秋雨、马兰夫妇不是候选人，却每天整版整版都是他们！"

但是，在他抱怨后，报纸还是没有改。

台湾地区观众喜欢《秋千架》，并不是因为它反映了哪段历史，或者影射了哪种现实。一位八十高龄的媒体人说："这部戏的魅力，就是中国人可以美到什么地步。"这个判断，道出了秋雨先生和马兰创作的初衷。

正巧，就在这次《秋千架》赴台演出前一年，发生了上文提到过的事情，那就是《丑陋的中国人》一书的作者柏杨先生托请艺术家凌峰先生引见，在台北见到了秋雨先生，当面赞誉《文化苦旅》的最高价值是"以大规模的文化遗址考察，重新定义了中国人"。这一来，《秋千架》和《文化苦旅》在精神终点上汇合了。

《秋千架》对中国戏曲改革的推动，具有非常重大的启发意义。一是因为它从整体美学观念上做出了根本性的创新；二是因为它以至高的魅力征服了海内外观众；三是因为它由剧种的首席来亲自主演，而这位首席在年龄上还风华正茂。

封冻之后

新世纪的第一年,马兰从台湾载誉而归后,一直满怀信心地构想着中国戏剧的创新前景。

当时她和秋雨先生居住在合肥市三里庵的一间简陋宿舍里。秋雨先生已经辞去上海戏剧学院院长职务,不必在上海上班了,因此也把这里当作一次次"文化苦旅"的出发点和归宿地。马兰经常带领着剧院到全国各地演出,这里也是她的出发点和归宿地。

三里庵宿舍现在可能作为"老旧危房"改建了吧,但在很长时间里,却因为这对夫妻,成了中国文学和戏剧的命穴之一。老门旧窗里的文句和哼唱,始终是海内外关注的焦点。据说,美国哥伦比亚大学的唐德刚教授就曾一再向人打听,余秋雨、马兰夫妇的三里庵居所,是一个什么样的所在。

但是,这间简陋的宿舍终于见证了一个怪异的历史悖论:美好的崇高,总是被琐碎的邪恶所毁坏。

秋雨先生作为历史学家当然深知这个悖论,却没有想到会那么彻底地体现在自己妻子身上。而且,体现方式也出乎意料。那就是,当邪恶毁坏崇高时,可以找不到明确的责任人，找不到明显的蛛丝马迹。

先是一位正在卸任过程中的省领导找到马兰，说了一句不清不楚的话："他们的'局'排定了，没有你。你还是走吧！"

他知道事情轻重，正好现在要卸任了。找谈话，是说明与自己无关。

马兰一脸茫然，完全不明白他的话。

什么叫"局"？"他们"是谁？为什么要我"走"？"走"到哪里去？做什么？

马兰等待着答案。

结果是，马兰在剧院和省文化领域的种种职务被解除，演出任务也被取消。但是，这一切都没有文件，没有宣布，没有报道，也没有谈话。几个官员拿出了一个新名单，就不再说什么话。

直到今天，几十年来，没有一个人为解除马兰职务的事，提供过一个理由。

马兰失业了，因为外地并没有这个剧种，她也没有必要降低已经被海内外确认的最高形象去从事别的行当。她，才三十几岁。省里有关部门为了掩饰，又不准她把户口迁出，那就变成了一种任其自灭的"就地封冻"。

这是一件真正的大事，一大片高敞的艺术天地顿时消失，一个戏剧大省在全国的文化地位立即翻转。

常有人根据这个事件对文化体制做出严厉批判，那显然是以偏概全了。因为在国内其他省份，并没有出现类似的事情。

按照法律，一个官员如果毫无正当理由要剥夺一个普通公民的工作权利，那也是犯罪。马兰这个"全国先进工作者"被毫无理由地剥夺了工作，这件不可思议的事情，来自一时一地超常爆发的"官本位"闹剧。

一个官员说："马兰名气大，但太清高，只知道演戏，不接近领导，不汇报思想。我很快就会培养出十个马兰！"

属下的干部们一听，便知道该怎么做了。

二十年前安徽官场的生态，是今天的安徽干部完全无法理解的了。那就是，只要是上级的一个眼神、一次皱眉，不仅立即领会，而且加倍执行。

对于这个事件，秋雨先生根据切身体验，又补充了一个重要秘密。这个秘密，在本书前面"五项澄清"一章已经有所提及。

那就是，在马兰被"封冻"的同时，秋雨先生因为成功地"重新定义了中国人",又多次在联合国讲台上为中国文化声辩,这也就成了某些势力必须清除的"第一文化障碍"。但他们又知道,他的夫人是一位名声很大的表演艺术家,又是全国人大代表,一定会为丈夫发声,于是也就成了"第二文化障碍"。

马兰和秋雨先生无处可去,只能通过一个朋友的关系住到了深圳。原因是,当时这个城市里的多数居民都忙着打工,还不太注意文化领域的事,可以比较安静。夫妻俩去得最多的地方,是菜场和家具杂货店。他们没有户口,没有单位,没有工作,没有名分,没有医疗关系,只过着简单质朴的生活。

海内外的观众都在寻找马兰,但她已随夫出逃。逃到南山的芦苇丛边,私语喁喁间,任时空迢迢。

面对莫名其妙的"封冻",善良的马兰,心中在想什么呢?秋雨先生最懂得妻子,曾作《懂她》一诗来描述——

她对世界充满友好,
见到陌生人也总是微笑。
陌生人如果稍有疑惑,

她就轻轻把微笑收住,
但嘴角还没有完全收掉。

当嫉妒变成了隐形拳脚,
受害者只能自我照料。
到这时,她依然不放弃友好,
即使世界垮了一半,
她还是对另一半微笑。

这种心态违背了社会常道,
连一些最简单的问题也让人苦恼——
盛名遭冻,
为什么连原因也不去查找?
风华正盛,
为什么琴瑟皆静?
观众亟盼,
为什么背影缥缈?

在她看来,
不让演戏,不让见报,
原因虽不知道,

却不必问个分晓。

原因一定蹊跷,

那又何苦让蹊跷明了?

不如转过头去,

欣赏日月皎皎,

山河妖娆。

在她看来,

离开狭小,面对浩渺,

告别吵闹,享受寂寥,

倒是朗朗大道。

在她看来,

如果自己的去留由权势承包,

如果艺术的命运由外人主导,

如果美的创造早已定调,

那么,一切都可以不要。

不要那冠,

不要那袍,

不要那浪,

不要那潮,

宁肯找一个小岛，
看云淡天高。

对于采访者的提问，
她一定无言相告。
对于过去的伤害者，
她也会拱手问好。
但只拱手不握手，
因为她也有交友律条。

阴暗对她，不沾分毫；
善良对她，是地设天造。
因此，懂她的人少而又少。
有些人说是很懂，
也大多失焦。

只有一个人，
不仅很懂，也被她懂，
早已是生死之交，
安居在两人小岛。
此人是谁？

大家知道。

就这样,过了很多年。世间风烟,都和"两人小岛"无关。

没想到,2007年秋天,马兰突然收到一封远方来信。信中通知,美国的林肯艺术中心、纽约市文化局和美华协会通过新一轮的投票,决定授予马兰"亚洲最佳艺术家终身成就奖"。

马兰连忙通过各种渠道打听,终于知道,"亚洲最佳艺术家"已是极高的荣誉,而其中的"终身成就奖"更是最高的等级,获得者有黑泽明、马友友、傅聪、林怀民、张君秋等。这次投票的是十二位美国资深的东方艺术家,他们多数人在洛杉矶观看过马兰的访美演出,其他人在投票前也看了表演录像。

这个通知,让马兰又回到了马兰。她一时还回不过神来,秋雨先生则比她还高兴。他想,在香港和广州折腾我们的势力,都有美国背景,但美国毕竟还有真正的文化人和艺术家。

2008年1月,马兰到美国接受颁奖,秋雨先生作为"家属"陪同。

据美国的华文报纸报道，颁奖仪式在纽约的哥伦比亚大学礼堂举行，很多旅美的华裔艺术家都来了，其中包括很多台湾地区的杰出专家。在国际上赫赫有名的何大一博士和夫人、夏志清教授和夫人都亲自到场，人群中还有徐志摩先生的女儿和宋子文先生的女儿。中国驻纽约总领事馆的杨华领事和周燕领事也出席了。

颁奖仪式开始，先是播放马兰的表演录像。然后，由林肯艺术中心主任亲自为马兰颁奖，由纽约市文化局局长和哥伦比亚大学副校长陪颁。

接着，马兰发表获奖演讲：《中国戏剧的昨天和明天》。马兰有一种娴达而幽默的口才，她在演讲过程中又穿插一些演唱片段，气氛热烈而快乐，不断激起满场掌声。

颁奖仪式刚结束，马兰就接到通知，纽约地区的安徽同乡，将在当晚以隆重的宴会祝贺她获奖。

这个宴会规模不小，来了大批旅居美国的安徽籍工程师、律师、会计师和各行业的企业家。他们的发言都很激动人心，赞扬马兰在国际上为安徽人争了光。为此，他们以纽约同乡会的名义，又为马兰"补颁"了一个奖。

更有趣的是，他们也为秋雨先生颁奖了，理由是把马兰"照顾"得很好。

这个夜晚让马兰和秋雨先生知道，要让安徽人在整体上"封冻"马兰是不可能的。

他们即使走得再远，心里还明白着呢。

那夜马兰看着他们，听着家乡的口音，似乎纽约的街市间也蒙上了皖江清风、黄山晨雾。

画一个句号：《长河》

本来，马兰早已决定无声无息地悄然隐遁，不再演出。然而，这次看到这个世界还如此郑重留下了有关自己的记忆，她对中国的表演艺术又多了一份心思。

她想再登一次台，不应让自己的艺术终结在林肯艺术中心和哥伦比亚大学礼堂。

但是，这次登台不能去安徽，免得让人产生"回归"的误会；也不能去北京，免得让人产生"庆奖"的误会。只是夫妇俩在艺术上的再度执手，相视一笑，因此也不能去依托哪个剧院，更不能去牵动哪些传媒。就自己出资，再从身边朋友那里筹点款子演一下吧，这是自己给自己的鸣奏，一点儿也不可以张扬。

人生段落的"句号"只是一个小小的圆圈，但是，这个小小的圆圈必须有足够的分量，能让千言万语结束得了。

听说马兰有可能再度登台，并且是秋雨先生亲自编剧，事情就立即变大。香港著名电影导演关锦鹏先生愿意亲自执导，国际著名音乐家鲍比达先生亲自作曲，香港首席美术指导张叔平先生出任造型总监……

这个让人叹为观止的阵容表明，马兰这次演出的已经完全不是黄梅戏，而是全新的东方音乐剧。因此，上海戏剧学院、上海音乐学院的青年教师和学生也都踊跃参加助演。

这就是2008年12月15日开始在上海大剧院演出的马兰原创音乐剧《长河》。

秋雨先生的剧本，依然实践他"非象征的象征""非历史的历史"的"象征诗学"，编制了一个既贴心又奇幻的故事。以一个二十岁女孩出门远行探寻父母亲秘密的经历，展现了冰河绝境、皇城巡街、宫殿对话等惊心动魄的场面，揭示了人心可能达到的极致状态。全剧没有一个恶人，但心灵的冲突却经天纬地，感人至深。

这一切，都由马兰主演的孟河一人来贯穿，那实在称得上真正的"大表演"了。

所有的观众都知道，马兰能在舞台上掌控差别极大的场面而游刃有余，但在《长河》一剧中，她却需要承担由家庭伦理直达人间大道的一系列史诗般的性格塑造。

例如，她要演一个纯净天真的少女，但这个少女每次面临生死关口又能激发出大雄之气制伏困厄；她气凌殿阙，却又尽到了一个女儿的全部温柔和决绝；她调皮活泼，却又成了一个真正男子汉的终身寄托……

这些波荡惊人的性格层面，在马兰身上呈现得流畅无碍，而且一直洋溢着浓郁的诗情。

笔者在戏剧界从业几十年，观看过国内外很多精彩演出，但面对《长河》却受到了极大的震撼，领略了一种毕生难忘的精彩。

所有的观众都会产生同样的感受，因此演出结束时全体观众长时间地起立鼓掌，谢幕仪式不断重复。

当全台演员又一次恭敬地让出舞台中心位置请马兰再度出现的时候，掌声如大潮般激烈。这时马兰伸出手臂向观众席间一指，机灵的灯光师随即一束灯光照到了秋雨先生身上，于是全体观众又转身向他鼓掌。夫妻俩台上台下的如此呼应，在世界戏剧史上都绝无仅有。

这时，一位纽约大学的戏剧博士走向秋雨先生，说："这部戏，上得了戏剧史。"

终于，有了安徽省的信号。

其实，安徽在少数官员"封冻"马兰之后，上上下下很快就知道这件事情做错了，而且是大错特错。但是，当时的官场还缺少"纠错机制"和"问责机制"，谁也不想得罪当初做决定的人，因此事情就不明不白地拖下来了。很多年，整个安徽文化界都怕提马兰的名字，那只是因为尴尬。当然，随着时间推移，官员的名单会改变，官场的生态会改变。只不过，等到这些改变来到时，一切已经太晚。

马兰被"封冻"十几年之后的一天，突然接到通知，安徽省的一位重要领导要亲自带队到上海来拜访，还有香港凤凰卫视中文台的台长王纪言先生陪同。来访者是省委常委、宣传部部长曹征海先生。

曹征海先生调到安徽工作之后，显然做过专项调查。他说，那个事件，是安徽的伤心事，是几个干部犯了错，但根子还在文化。

"文化？"马兰希望他进一步说明。

曹征海先生说："你的《红楼梦》已经创造了一种新的黄梅戏文化。大家虽然叫好却没有领会你们的文化意图。到《秋千架》，这种文化差距就更明显了，超越了管理机构的领导能力，因而就产生了官场操弄。"

为此，曹征海先生随即告诉马兰和秋雨先生，省委已经对黄梅戏代表人物的名单做了再度排列，领衔者是严凤英和马兰。这个排列，已经让国家邮政发行专项邮票，体现出来。

同时，他又征询秋雨先生的意见，因为根子在文化，能否抽时间为全省领导干部做一次文化演讲。

秋雨先生稍一迟疑，就答应了。

文化演讲在安徽剧院举行，由曹征海先生亲自主持。秋雨先生走到前台，说："今天的演讲需要三个半小时，我必须站着讲，表达对这个剧院的敬意。十几年前，正是这个剧院，引领过中国的戏剧艺术，因此受到全国关注。当然，你们都知道，我也借此表达对我妻子马兰的敬意！"

全场干部听到这里，霎时起立，长时间鼓掌，有一些还在擦眼泪。

于是，这个句号，还是画到了安徽。

第十一章

以诗为结

说 明

笔者很喜欢秋雨先生的诗词。

本书已经从《秋雨之诗》一书中引用了多首,为我的平泛叙述大大地增光添彩,但仍觉得意犹未尽。那就索性再取用他的四首诗来归结此书吧。这四首诗分别是《我的家谱》《此生匆匆》《何必再说》《如如》。

近几年网络上出现过几十首以秋雨先生名义发布的诗,有的写得还不错,流传甚广,但都是赝品。本书让大家看到,真正由他写的诗是什么样的。

秋雨先生写诗,总是以浅白、流逸的口语轻声自问,问自己的生命归属,全然通透,又带着几分迷茫。我们在大致了解他的生平之后,再听听他自己的这些吟咏,一定会感受到生命的神秘和至美。

我的家谱

世上般般家谱,
让我陷入迷糊。
竟有如许门庭,
代代钟鼎相续!

吾祖腼腆淳朴,
不想显摆冠禄。
可猜少有安适,
奔波而成家谱。

我的家谱,是凉州石窟,
我的家谱,是西夏鼙鼓。
我的家谱,是蒙古弓弩,
我的家谱,是合川箭镞。

我的家谱是湖边菰蒲,

菰蒲下是越窑遗墟。
我的家谱是晚秋斜月,
斜月下是漫漫长途。

此生匆匆

行者飘飘随心走，
孤舟茫茫无港口。
一天一地皆属我，
一丝一缕非我有。
成败得失乃同义，
高低贵贱是虚构。
此生匆匆仅一事，
寻得大美藏衣袖，
分发四周。

何必再说

既然无可言说,
那又何必再说。

你无法证明,
那次水难是因为漩涡,
那行大雁没飞出山火。

你无法证明,
那天屋顶有白云三朵,
那夜和尚却未曾打坐。

你无法证明,
那年父亲被朋友折磨,
那时每天都撞见神魔。

你无法证明,

那些重量加剧了颠簸,
那些美言导致了坠落。

你无法证明,
那丛草木并没有花朵,
那片林子长不出水果。

你无法证明,
那条道路只通向沙漠,
那个沙漠找不到骆驼。

既然无可言说,
那又何必再说。
且不妨依树而坐,
也可以枕石而卧。

若见得前方有祸,
则应该起身鸣锣。
若见得有人受伤,
则应该上前按摩。

为何鸣锣？为何按摩？
不必感谢，不必多说，
只因为，
我们一起活过。

如 如

如如?

如如。

一个普通汉字,

重叠便是秘语。

贾岛诗句:

"当空月色自如如。"

贾岛月色,

千年无异,

夜夜无殊,

高及九天,

融于草树。

永而有常,

谓之如如。

白居易诗句:

"不禅不动即如如。"

此处如如,

无求无欲,

无为无助,

无今无古,

无喜无怒。

任其自性,

便是归宿。

《坛经》有句:

"万境自如如。"

慧能之意,

不分高下,

不分秦楚,

不分贤愚,

不分胜负,

万境同一,

同甘共苦。

《金刚经》云:

"不取于相,

如如不动。"
此八字诀,
终身惠吾。

世相时相,
为我不取;
名相位相,
我皆无虑。
只问永常,
只问自性,
只问同一,
便是如如。

如如无语,
却毅然不动。
不动于倾势之誉,
不动于无端之侮,
不动于震耳之鼓,
不动于漫天之呼。
于是与贾岛散步,
月色如如。

附　录

历史将会敬重

香港《亚洲周刊》　江迅

著名作家贾平凹在评价余秋雨时写道:"这样的人才百年难得,历史将会敬重。"余、贾两位,在经历、地域、生态上都有很大距离,因此这样的评价具有客观的远瞻性。我在香港关注余先生已经三十多年,愿意为贾先生的评价提供下列理由——

一、余先生在交通条件很艰难的20世纪90年代初期,通过非常辛苦的实地考察,在中国近代以来十分热闹的"军事地图"和"行政地图"之外,首次拼接了"文化地图"。这幅"文化地图"以全新的史识描绘了一系列古老的美好,由于直接回答了长期贬低中华文化和中国人的国际潮流,立即如空谷足音,震撼了华文世界。写过《丑陋的中国人》一书的柏杨先生当面对余先生说:"两个字:羡慕。羡慕你以大规模的文化遗迹考察,重新定义了中国人。"

"重新定义了中国人",这意义当然远远超越了文化界。

因此，被称为"世界芯片大王"的"台积电"董事长张忠谋先生要出自传，专请余先生一人写序言；中国国民党荣誉主席连战先生首访大陆的"破冰之旅"记述，也专请余先生一人写序言。

二、考察中所写的《文化苦旅》《山居笔记》等著作，展示了一种被陶岚教授称为"一过目就放不下"的"余氏文体"，更是一时风靡，其中不少文章居然同时被收入海峡两岸暨港澳地区的语文课本，成为当代语文中的孤例。这种文体的特点，被语文学者评为"质朴叙事、宏大诗情、低语谈心"的三相融合，显现了当代华文有可能达到的高位。我曾经在台湾新北市大礼堂听著名作家白先勇在演讲时说："余秋雨先生的著作长期以来一直是全球各地华人社区读书会的第一书目。他创造了中华文化在当代罕见的向心力奇迹。我们应该向他致以最高的敬意。"

三、余先生紧接着又在世纪之交冒着极大生命危险，贴地考察了人类各大古文明遗址，将它们与中华文明作对比。考察日记《千年一叹》《行者无疆》在海内外同时连载并出版，读者之多超乎想象，他也就成了国际上最有资格的比较文化演讲者。2005年7月应邀在联合国"世界文明大会"上发表了主旨演讲《中华文化的非侵略本性》，2013年10月又在联合国总部大厦演讲《中华文化为何长寿》。

这些纯学术的演讲，为世界各国学者提供了解读中华文化的全新思路。由于演讲者的身份是"当代世界走得最远的非官方独立知识分子"，在国际上具备了基本的公信力。其中的论点和论据，以后被广泛引用。我有幸两度抵达演讲现场，切身感受到中华文化在肃穆的学术气氛中的"高光时刻"。

四、当文化热潮兴起之后，学术界发现，各种文化话语还缺少一些公认的理论基点，就像数学中少了一些公式，产生了纷乱。对此，余先生在2006年制定了一则最简短的文化定义，并在香港凤凰卫视的"秋雨时分"发布，向海内外征求意见。这条定义一共只有二十几个汉字："**文化，是一种成为习惯的精神价值和生活方式。它的最终成果，是集体人格。**"世界上有关文化的定义，自英国学者泰勒之后，至今已出现二百多条，每一条都非常冗长又各执一端，唯有这一条，被海内外学术界称赞为"最简洁、最准确的概括，很难被替代"。众所周知，世界上不论哪个学科，定义之立，都是一件奠基性的大事。

五、由于认定文化的最终成果是"集体人格"，余先生此后多年就把精力集中在对中华民族集体人格的探究上。他比较了世界上各个著名的集体人格范型，例如"圣徒人格""先知人格""绅士人格""盎格鲁-撒克逊人格""武士人格"之后，确认中华文化的集体人格范型是"君子"，并以"君子之道"来概括儒家学说。他力排众议，认为儒家学说在政治、社会方面"治国平天下"的各种主张，很少被历代统治者真正采用，早已黯然褪色，而其中最具时间韧性的是一种已经广泛普及于中国民间的人格标准，那就是"做君子，不做小人"。这个论断，使儒学研究和中华文化研究都焕然一新，而又进一步印证了柏杨先生对他的判断："重新定义了中国人。"

2014年，专著《君子之道》出版，包括"本论"二十四名言，"延论"三十六名言。特别让世人瞩目的是，此书在史上第一次系统地研究了君子的对立面——小人，被评为"历代负面人格研究的开山之作"。有一位香港学者撰文说："在这项研究中，中华文化因为没有被刻意掩饰长久以来的一些阴影，反而变得更立体、更真实、更可信。"由于这本书，余先生再度受到台湾地区诸多机构的邀请而进行了"环岛演讲"。

除儒家外，余先生还深入研究了中国古代的其他思想体系，指出在"君子之道"之上，还有更重要的一个道，那就是道家的"天道"。为此他又写出了《老子通释》《周易简释》等一部部厚重的著作，系统地阐明：天人合一、元亨利贞、柔静守中，是中华文化的立世之根。

六、在中国古代三大思想体系中，佛教典籍最为玄奥。现代佛教学者大多难于逐句译释，又无力宏观梳理，致使他们的讲述常常陷于浅俚和驳杂。余先生的《〈心经〉译写》《〈金刚经〉简释》《〈坛经〉简释》《群山问禅》等作品问世，才改变了这种状态。他在北京大学、中国艺术研究院讲授的佛学课程，经由网络视频播出，均创造了很高的点击率。

余先生在阐释这些古代经典的同时，还创造了一种全新的学术形态，那就是，尽力摆脱自清代以来的那种艰涩、烦琐、缠绕的考证痼疾，返璞归真，以通达和明晰，让现代读者直达古哲本源，领略开山大师们的第一风采。当然，能做到这样，需要更深厚的学术功力。

七、"国学"的时尚，在传媒间渐渐泛滥成单向夸张的炫古表演，致使中国古代文学在良莠不分、高低错乱的"泡沫竞吹"中失去了历史的筋骨。为此，余先生早在十几年前就针砭时弊，率先提出了"中国文脉"的命题，主张以批判和选择的眼光，为古代文学"祛脂瘦身"，寻得主脉。他以跨时空的审美高度，在三千年遗产中爬剔、淬炼，终于写成《中国文脉》一书。书中，中国古代文学也就由"日渐痴肥"的形态一变为健美精干的体格，相当于一部颇有魅力的中国文学简史。不久，他应邀到耶鲁大学和纽约大学讲授这一课题。

八、与《中国文脉》相应，余先生又对中国古代文学进行了大规模的今译。他认为，准确而优美的今译，能使枯萎的古典复活，欧洲不少文化大师都做过这件事。由他今译的古典作家，包括庄子、屈原、司马迁、王羲之、陶渊明、刘勰、韩愈、柳宗元、欧阳修、苏东坡，结集成《文典一览》和《古典今译》，出版后受到朗诵专家和古文字家的共同好评。我在网上看到这样一则评论："别人的今译，常常把一坛古代美酒分解成一堆现代化学分子式，唯独余先生，保存了千年酒香。"

九、余先生早年的专业基点是西方美学史。但是早在20世纪80年代他到海内外几所大学授课时，已从康德、黑格尔的古典美学转向现代心理美学，代表著作是《观众心理学》。从21世纪开始，他又进一步从"虚拟美学"转向"实体美学"，并由此建立中国美学在国际上的独特风范，代表著作是《极品美学》。余先生认为，中国美学历来不以虚拟的概念引领，而总是让概念追随实体，而所有的实体则由"极品"引领。本书由"文本极品""现场极品""生态极品"三部分组成，反映了中国人在顶级审美领域的稀世历程。显然，这部书在中国美学的研究上，具有界碑的意义。

十、由《观众心理学》，联想到余先生在20世纪80年代已经出版的其他重大学术著作,如《世界戏剧学》《中国戏剧史》《艺术创造学》,每一部都称得上是一个学术高峰。我查资料,发现它们分别获得过"全国优秀教材一等奖""哲学社会科学著作奖"等当时最高的学术荣誉。三年前在一次教材研讨会上,我曾邀请香港五位资深教授,对这些著作进行专业评估。他们经过几天研读后认为,《世界戏剧学》的第三、四、十、十一、十二、十三章,《中国戏剧史》的第一、二、三、六章,《艺术创造学》的引论"伟大作品的隐秘结构",以及《观众心理学》的引论,均"包含着全新的学理创建"。他们还一致认定:"这几部著作,至今仍然可以作为一流的高校教科书。"

十一、余先生尽管被公认为资深国学专家,却又明确反对文化上的"极端民族主义"。他多次坦陈,自己心中的光源,是一种世界性的聚焦。除了道家、儒家、佛家和王阳明的心学,还有狄德罗、歌德、罗素、荣格、海德格尔、萨特。他精熟西方人文历史,上列这些人类的智慧星座,他都做过深入论述,早在三十年前就淬砺了自己的精神结构。正因为这样,他笔下的中国文化,也就不仅仅属于中国的了。

十二、在上述一系列重大学术成就之外,余先生还是一名几乎全能的文学创作高手。除了散文和"记忆文学",

还创作了剧本、小说、诗歌,每一项都取得了很大成功。他为妻子马兰创作的剧本《秋千架》《长河》,演出时曾在几个著名大剧院创造了票房纪录,被专家评为"应该进入戏剧史的作品"。在台湾地区演出时正逢"大选",我恰好在当地采访,看到台北剧院门口的广场上拥挤着十几万为大选造势的民众,没有一个剧团敢在这个时间、这个地点演出,但是,马兰的演出仍然场场爆满,被当地媒体惊叹为"不可思议"。余先生的剧本和他的小说《信客》《空岛》一样,既不是现实主义,也不是现代派和后现代,而是深受海明威"非象征的象征"、迪伦马特"非历史的历史"的影响,独自提出并实践了"象征诗学"的构想,开启了一种自辟云路的创作高度。

十三、还必须立即补充,余先生又是当代杰出的书法家。2017年5月至6月在北京举办的"余秋雨翰墨展",参观人数之多,成为中国美术馆建馆半个多世纪以来最为轰动的展览之一。中国书法家协会原主席张海说:"即使秋雨先生没有写过那么多著作,光看书法,也是真正专业的大书法家。"其实,即便在历史上,著作和书法同时壮观的大家,也屈指可数。正因为这样,我听说,在一次大型的慈善拍卖中,余先生的一幅书法作品拍出了最高价。

从几部已经出版的书法、碑楹集来看,余先生可能是现今被邀请为全国各地名胜古迹题写碑文、榜额最多的一个人。究其原因,除了公认的书法水准,更因为邀请者们都相信,余先生的文化美誉度,能够被各方游客敬重。他的笔墨,不会让名胜古迹逊色。

——以上,我为贾平凹先生的评价提供了十几条理由,已经不短,应该归纳几句了。但是作为一名老记者,我还是习惯采用别人的语言。记得新加坡"总统文化奖"获得者郭宝崑先生多年前曾经这样撰文来总结余先生的文化成就:"**他以旷世的才华和毅力,创建了中华文化在当代世界的全新感知系统,既宏大又美丽,功绩无人可及。**"2018年5月,具有国际影响的"天下文化事业群"赴上海为余先生隆重颁授奖匾,铭文为"**余秋雨——华文世界最具影响力的一支笔**"。

他出版的书,可以排满整整几面书壁,而且,几乎每一本都在文化史上开门拓户、巍然自立。有两位华裔教授曾经站在这样的书壁前对我说:"余先生一人的成就规模,从数量到质量,都远远超过了很多研究所。这中间一定有神秘的天命所指,百川合一。"我说,先不论"天命",我长期从旁观察,只知道有两个最表面的原因,别人也无法仿效。

表面原因之一，他不参与一切应酬、会议、社团。让人难以置信的是，他如此业绩，却不是任何一个级别的代表、委员，也不是任何一个级别的作协、文联会员。这也使他不可能进入文化界的各种"排名"。近十年来，他与外界切割得更加彻底。正因为远避光圈，销声匿迹，他才完全不受干扰地完成了如此宏大的文化工程。

表面原因之二，他不理会一切谣言、诽谤、讹诈。由于文化名声太大又不肯依从何方，他长期遭到香港那家日报、广州那家周报，以及一些职业性文化打手的联手诬陷，在媒体上制造出一个又一个的"事件"，害得很多人至今还在误信。这股力量甚至一度还裹胁权势，企图毁人夺笔，连他妻子马兰也受到牵累，在艺术最辉煌的年月竟然平白无故地失去了工作。但是，他们夫妻为了不污染心境，不浪费时间，全然放弃一切反击、起诉、追究，只说**"马行千里，不洗尘沙"**。

衍语

在结束这篇文章的时候，我又随手翻阅了余先生的文集，发现以前还是漏读了不少文章。

例如，在《修行三阶》一书中读到"破惑"和"安顿"这两大部分，在《暮天归思》一书中读到"大悟、大爱、大美"这三项"生命支点",在《门孔》一书中读到几位文化前辈在磨难中的人格固守,都使我在精神上获得全方位的皈依,而且皈依得那么恬静和熨帖。

平时对不少流行的观念也心存疑惑,却求解无门,余先生在书中都做了简明的指点。例如,现在很多人把"传统"看作"文化"的支撑,他不赞成,说"中国文化是一条奔腾向前的大河,而不是河边的枯藤、老树、昏鸦"。还有一些尴尬问题,像以前左右文坛的"刀笔战士"们目前状态如何,上海文化突然失去优势究竟原因何在,等等,他也都进行了有趣的剖析(见《暮天归思》中《刀笔的黄昏》《文化的替身》等文)。然而,不管说到哪一种弊病,余先生基于自己的文化辈分,态度都很宽容,只说是"学生们不用功,走偏了"。

最后我要说一句:生在同时代而不读余先生的书,那就实在太可惜了。记得前些年,香港中文大学受托为香港市民开列"古今中外必读书目"八十本,世上那么多作者,唯独余先生一人占了两本。后来应市民要求,书目缩小成五十本,余先生依然占两本。这件事,体现了一种眼光,应该为我们香港鼓掌。

在历史上,真正的文化巨峰少而又少,诚如贾平凹先生所说,"百年难得"。一旦出现,同时代的人往往很难辨识，因为大家被太多流行的价值系统挡住了眼，而文化的高度又无法用权力标尺和财富标尺衡量出来。但是，如果历史还值得信任，那么，高度总会还原。

影像选辑

余秋雨先生三十余岁时，获"国家级突出贡献专家"称号，已成为一名学贯中西、著作等身的著名学者

直到辞职，余秋雨先生仍是全国高校中最年轻的校长。
摄于辞职典礼前一刻

余秋雨先生曾连续辞职二十三次，终于获准，却又不投入当时极为流行的"出国"大潮和"下海"大潮，那他到底要去哪儿呢？这张照片作了回答。原来，他无法承受当时海内外学术界某些人把中华文化嘲谑为"丑陋""低劣"的现象，下决心把人们带回千年现场，用实地、实景证明曾经有过的大气象

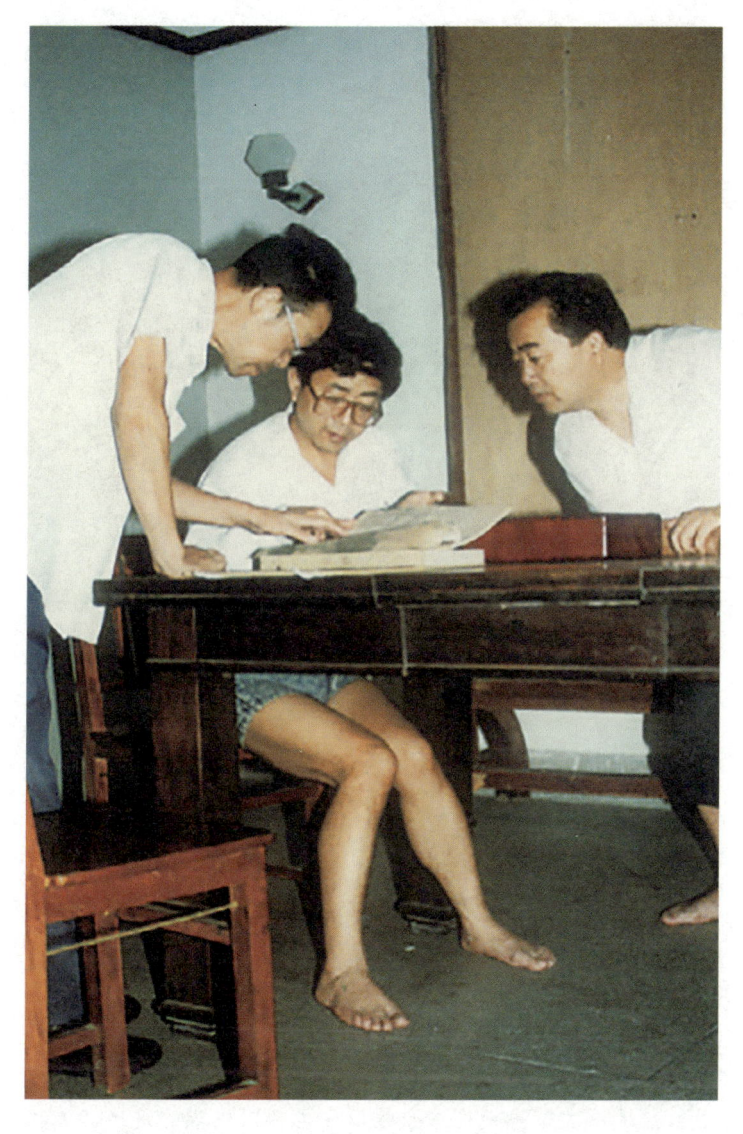

余秋雨先生在考察过程中曾寻找各地所藏的各种文史资料。这张照片中，他打着赤脚，却看得饶有兴味，全然不顾门外有大雨或洪涝。

余秋雨先生曾跋涉于荒原废墟,在偏远小旅舍写下一篇篇考察文章,结集成《文化苦旅》一书。

香港《亚洲周刊》前副主编江迅先生说:过去人们只熟悉行政地图、军事地图,余秋雨先生却以艰辛的足迹,首次拼接出了中国的"文化地图"。

新加坡前总理李光耀先生说:"20世纪后期,海外华人重新对中华文化产生感动,主要是由于余秋雨先生的书。"

这处城墙，余秋雨先生曾考察过多次，一再呼吁有关部门悉心保护和修缮。照片中这次到访，他看到当地有关部门做得很好

余秋雨先生曾冒着生命危险穿越战火连绵的恐怖主义地区，考察了人类文明遗址，并通过《千年一叹》《行者无疆》的直播与连载，引发海内外广泛关注。他是全球完成如此大规模考察的少数人文学者之一，也因此被国际媒体评为"跨世纪十大国际人物"。

在迈锡尼遗址,余秋雨先生走进了《荷马史诗》的大门

走了那么多地方才明白，文明的崩溃，是历史的常态。正因为这样，余秋雨先生从远方回望中华文明，才更深地领会到她的不容易

环球考察和深度研究,使余先生成了国际间非常受欢迎的文化演讲者,先后应邀在联合国"世界文明大会"上发表主旨演讲《中华文化的非侵略本性》,在纽约联合国总部大厦演讲《中华文化为何长寿》,引发广泛关注

余秋雨先生多次受邀到海外就中华文化发表演讲,几乎场场都在当地掀起热潮

余秋雨先生在海外的演讲现场

某些别有用心的组织对余秋雨先生所产生的国际影响颇为忌惮，多年来有计划地用谣言制造阵阵逆风，使余先生的形象半明半晦。余先生曾自嘲："这种黯乎乎的立体感，正是我的标准像。"

"余秋雨翰墨展"现场,余先生著作中外版本的集中展出,场面颇为壮观

2013年10月18日,联合国有关机构为余秋雨先生颁发证书,表彰他为全球背景下中国文化遗产所作的精彩阐释

余秋雨先生自从辞职后,唯一担任的社会职务,是上海图书馆理事长。他说,自己一生,从读书、借书、教书、写书到最后管书,也算得上"书籍人生"了。于是,书籍也成了维护他的城堡,上下左右,密密匝匝,固若金汤。

　　马兰觉得这个场景很有象征意义,就拍摄了这张照片。拍摄时间大致是 2019 年 11 月

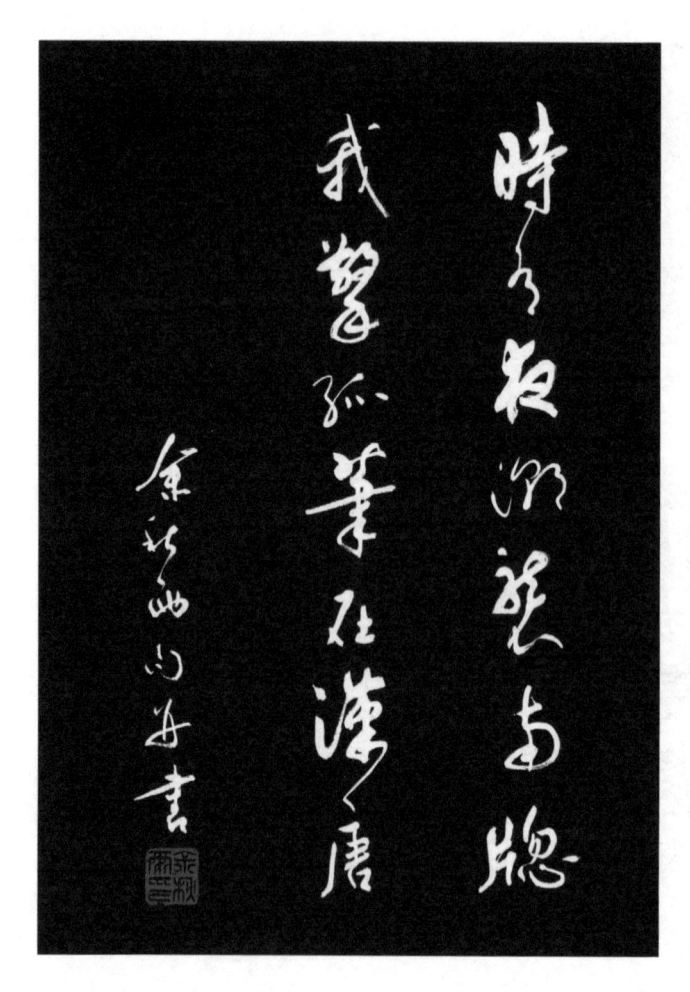

余秋雨先生又是当代杰出书法家。他曾应邀为各地撰写碑文、楹联,且文本多为原创。有《炎帝之碑》《法门寺碑》《采石矶碑》《钟山之碑》《金钟楼碑》《云冈之碑》《魏晋名士行迹碑》《三峡之碑》……这些历史大碑,都镌刻在汉白玉或花岗岩上,树立于千里山川之间。

图为余秋雨先生自撰自书楹联:"时有夜潮袭南窗,我擎孤笔在汉唐。"

余秋雨先生自撰自书楹联:"千书育我我是谁,万里磨鞋鞋已洗。"

这样的秸秆，佑护过马兰的童年，因此她心存感念

马兰在不到二十岁时,就令戏剧评论家与广大观众"惊艳",并在媒体上受到了极高的评价。很快,她又风靡全国,成为黄梅戏的首席。一个传统大剧种的首席居然那么的年轻,又毫无争议,这在全国绝无仅有

谢晋导演说,马兰主演的《红楼梦》,是第一部成功的中国音乐剧

马兰主演的《红楼梦》剧照

马兰主演的《秋千架》剧照

马兰主演的《长河》，由著名电影导演关锦鹏先生执导，国际音乐家鲍比达先生作曲。该片超越剧种局限，获得海内外艺术家的广泛赞誉

马兰的演出,总能产生震撼全场观众的神秘气场

马兰习惯在古典角色中融入现代精神

马兰主演的《秋千架》《长河》等作品,均由余秋雨先生亲自编剧,充分体现了他自己创立的"象征诗学"风范,在海内外拥有大批忠实观众

风华正盛,为什么琴瑟皆静?在她看来,原因虽不知道,却不必问个分晓

生命的"无我空境",有一种海枯石烂般的洪荒诗意

磨难和思考，是人生的一种提升

不管境遇如何，永远一身阳光

在离开舞台后的长久寂寞中,马兰被告知荣获"亚洲最佳艺术家终身成就奖"。据了解,此前获得该奖的,有黑泽明、马友友、林怀民、傅聪、张君秋等艺术家

"亚洲最佳艺术家终身成就奖"奖状

马兰陪同丈夫余秋雨考察人类文明遗迹。真实的古老遗迹,真实的中国女子,组合成了跨越时空的审美景观。摄影者是余秋雨先生

万里历险归来,拜谒生命起点。这是余秋雨先生出生的老屋

翰墨间的知己，马兰的飘飘长发与墙上的笔墨，互相辉映，浑然一体。摄于中国美术馆举办的"余秋雨翰墨展"

苦难能剥夺很多东西,却无法剥夺文化的高贵。

针对马兰的"封冻"和针对余先生的"逆风",几乎同时产生,而且都长达二十年。他们各自都需要获得极大的抚慰,却又以全部心力扶持着对方的精神定力。他们彼此相信:有你有我,再无期待

这对夫妻如今已上了年纪，走在古朴的巷道间。这些巷道，很像他们的出生地。他们一生，心地纯净，佳作惊人，历尽坎坷，无悔无恨。如果以外人的目光来看，也许会长叹一声：这两个安静的人，实在对得起这片土地，对得起这个世界了